As Mil Verdades de Ifá

ADILSON A. MARTINS
Babalaô Ifaleke

As Mil Verdades de Ifá

Rio de Janeiro, 2021
1ª edição, 1ª reimpressão

PALLAS

Copyright© 2012
Adilson A. Martins

Editoras
Cristina Fernandes Warth
Mariana Warth

Coordenação editorial
Raphael Vidal

Produção editorial
Aron Balmas

Revisão
Rosana Alencar

Diagramação
Abreu´s System

Capa
Luís Saguar e Rose Araujo

Este livro segue as novas regras do Acordo Ortográfico da Língua Portuguesa.

Todos os direitos reservados à Pallas Editora e Distribuidora Ltda.
Não é permitida a reprodução por qualquer meio mecânico, eletrônico, xerográfico etc. de parte ou da totalidade do conteúdo e das imagens contidas neste impresso sem a prévia autorização por escrito da editora.

CIP-BRASIL. CATALOGAÇÃO NA FONTE
SINDICATO NACIONAL DOS EDITORES DE LIVROS, RJ

A183m

Martins, Adilson, 1940-
As mil verdades de Ifá / Adilson Martins. – Rio de Janeiro: Pallas, 2012.
220p.

Inclui bibliografia
ISBN 978-85-347-0475-5

1. Orunmilá (Orixá). 2. Iorubá (Povo africano) – Religião. 3. Cultos afro-brasileiros. II. Título.

12-0637.
CDD: 299.6
CDU: 259.4

Pallas Editora e Distribuidora Ltda.
Rua Frederico de Albuquerque, 56 – Higienópolis
CEP 21050-840 – Rio de Janeiro – RJ
Tel./fax: 55 21 2270-0186
www.pallaseditora.com.br
pallas@pallaseditora.com.br

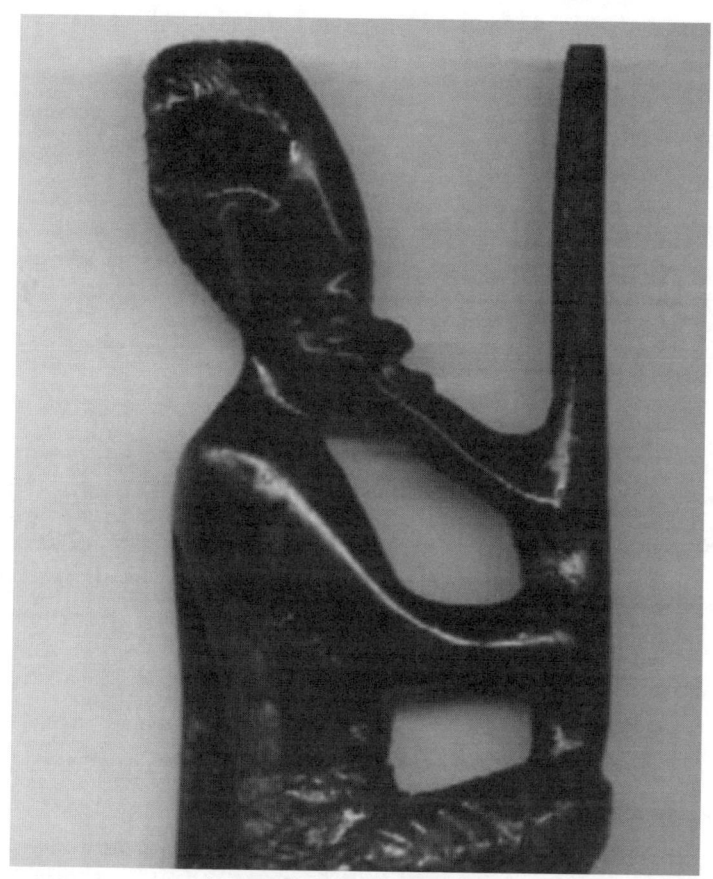

Exu

> Fé consciente é liberdade.
> Fé instintiva é escravidão.
> Fé mecânica é loucura.
> (GURDJIEFF)

Agradecimentos

À minha esposa e grande incentivadora, Lúcia — Apetebí Orunmilá Iyanifá Ogbeyonu.

Ao Wilson Aguiar Filho, Omó Obatalá, Awofakan Orunmilá Omó Odu Ogundagbe, pelas primeiras revisões e inúmeras orientações.

Aos membros do nosso egbé — OBI (Ordem Brasileira de Ifá) —, babalaôs, apetebís e awofakans.

A todos os que propagam, de alguma forma, o nome de Orunmilá.

Aos meus críticos naturais, que me obrigam a melhorar sempre o que faço.

Homenagem póstuma

À minha irmã de sangue e de fé, Deolinda Martins (Linda da Oxum).

À minha saudosa irmã, discípula e amiga Vanir Moreira Ratto (Vaninha), dileta filha de Oyá.

Dedicatória

Dedico este livro a todos aqueles que reconhecem o valor do ser humano brasileiro, sua capacidade e competência para realizar muito bem tudo que quiser.

Imita na grandeza a terra em que nasceste!
Olavo Bilac (poeta brasileiro)

Dedications

Sumário

- 13 O Malungo
- 15 Um conto para levar em conta
- 21 A Verdade

Parte 1
- 25 Orunmilá
- 49 O quadro sacerdotal
- 69 Influências externas
- 97 A vulgarização do oráculo
- 103 Os mandamentos de Ifá
- 123 As 16 condições essenciais para ser um babalaô
- 131 Saudação a Orunmilá

Parte 2
- 135 O sistema de adivinhação
- 137 O Jogo de Ikins ou Grande Jogo
- 153 Opelé, o rosário divinatório
- 171 O jogo do obi
- 177 Odu: os signos oraculares
- 203 O jogo de búzios ou merindinlogun
- 215 Bibliografia

O Malungo

Sopra sereno o vento, enfuna a vela,
Levando pra bem longe a caravela,
Da terra mãe, cada vez mais distante.
Nas águas deste mar sempre inconstante,
Desliza do malungo o frágil casco.
Leva em seu ventre a carga desgraçada,
Homens, mulheres, crianças malfadadas,
Em vil mercadoria transformada,
Caçados, vendidos, manietados.
Sem fé, sem esperanças, sem futuro,
Amontoados no porão escuro,
Cheirando a sangue, suor, urina e morte,
Pedindo a Olorun a boa sorte
Da morte como fuga do destino atroz
Que lhe reserva o branco, seu cruel algoz...
E o vento faz ranger toda a madeira
Com a qual foi feita a nau que nos conduz,
E elevo aos céus a prece derradeira
Aos deuses que jamais pregamos numa cruz.
Imploro, oh Mãe Oyá, dona do vento,
Muda em tempestade o doce alento
Que agora gentilmente empurra o barco.
Transforma em vagalhões as suaves ondas,
Faz com que açoitem com vigor as tábuas
Partindo em mil pedaços o veleiro
Que nos transporta agora ao cativeiro
Que avilta o homem em toda a sua essência.

Dá-me, Olokun, sepulcro em tuas águas,
Afoga em teus abismos submersos
Teu filho negro, poeta de má sorte.
E cala, para sempre, desta boca os versos.
Mas que Xangô desperte em sua ira
E que nos lance corisco fulminante,
Que parta o mastro e que no mesmo instante
Puna com morte cruel o branco infame.
Que o mesmo raio em trajetória insana
Rompa o grilhão que ao porão me atém.
Que possa, braços soltos da corrente,
Morrer aqui feliz com minha gente,
Livre como nasci, partir para o além.
(Do autor)

Um conto para levar em conta

João, desde a mais tenra infância, sempre foi uma pessoa obstinada. Quando desejava alguma coisa, não media esforços nem sacrifícios para obtê-la e, desta forma, quase sempre conseguia o que queria.

"Quase sempre?", perguntarão os leitores. E tentaremos explicar, aqui, por que "quase sempre" e não "sempre", como seria melhor para todos, principalmente para nosso amigo João.

Quando tinha cerca de 20 anos, João foi trabalhar na empresa de um homem muito rico, judeu por descendência.

Seu patrão possuía um magnífico relógio de ouro, da marca Rolex, que não tirava do pulso, como se dele fizesse parte.

Certo dia, movido por curiosidade incontrolável, e adivinhando tratar-se de uma joia muito cara, nosso jovem amigo atreveu-se a indagar do patrão, homem sempre simpático e acessível:

— Sr. Levi, por que razão o senhor usa, até pra trabalhar, este relógio de ouro que, como todos sabem, é caríssimo? Não tem medo de danificá-lo ou de ser roubado?

Sorridente, o bom homem respondeu:

— Sabe, filho, este relógio realmente vale uma pequena fortuna. Mas se o uso permanentemente é porque serve, para mim, como uma espécie de passaporte ou como se fosse um avalista plenamente confiável.

— Como assim?... — indagou o jovem, que nada entendera do que lhe dissera o patrão. — Como pode um relógio, por mais valioso que possa ser, servir de avalista ou de passaporte para seu dono?

— Eu explico — respondeu o comerciante. — Este relógio me dá *status*. As pessoas com quem negocio reconhecem o seu valor e isto torna o meu crédito infinito. Eles acreditam que um homem que usa, para trabalhar, uma joia de tão grande valor, possui recursos ilimitados e que, assim sendo, não correm nenhum risco ao venderem a crédito tudo o que este homem quiser.

Satisfeito com a explicação, João pôs-se a conjeturar:

— Isto significa que a imensa fortuna de meu patrão foi obtida com a ajuda do relógio! É ele, o relógio, quem lhe dá o crédito que possui e que permite que faça excelentes negócios!

Na sua simplicidade, João imaginou que, se conseguisse comprar um Rolex, mesmo que não fosse todo de ouro como o de seu patrão, teria as portas abertas para o comércio e consequente enriquecimento!

E o rapaz determinou-se, a partir de então, a comprar para si um relógio Rolex — o passaporte para a fortuna.

Desde então, João não pensou em mais nada. A aquisição de um Rolex tornou-se, para ele, uma fixação.

Trabalhava como um louco, economizava o que podia e o que não podia, deixando, muitas vezes, de alimentar-se devidamente pelo prazer de juntar um pouco mais de dinheiro.

João não saía de casa a não ser para trabalhar. Não tinha amigos nem lazer. Nunca mais foi a um campo de futebol, à praia ou

um conto para levar em conta 17

ao cinema, entendendo que, nesses lugares, gastaria inevitavelmente o dinheiro que precisava juntar para comprar o seu relógio. João transformou-se num avaro como poucos existentes no mundo.

Mas havia uma coisa que atormentava nosso herói: o sonho de consumo de João custava realmente muito caro. Seus ganhos eram parcos e, por mais que economizasse, nunca tinha o suficiente para satisfazer sua obsessão.

Quando achava que já tinha conseguido amealhar o suficiente, dirigia-se às lojas especializadas e verificava com desespero que, com a variação cambial, o relógio tornara-se mais caro. O que economizara era insuficiente. A realização de seu sonho havia se distanciado um pouco mais. O Rolex, importado como sempre foi, tinha seu valor alterado de acordo com o valor do dólar americano.

Mas nem assim nosso amigo, já não tão jovem, desistia de sua meta: possuir um relógio Rolex.

O tempo se passava e, um belo dia, João conheceu um estrangeiro de ótima aparência, muito simpático e bem falante, e foi este homem quem reacendeu a esperança de nosso herói.

Ao saber do drama vivido por João, o rapaz procurou-o e, apresentando-se como representante no país da fábrica do Rolex, declarou-se interessado em ajudar.

Por causa de seu cargo, conseguiria para João um Rolex por um preço especial, vantagem somente concedida pelo fabricante aos seus funcionários de alto escalão.

João exultou! O preço cobrado pelo novo amigo representava um terço de tudo quanto conseguira economizar! Agora poderia ter o relógio de seus sonhos, e ainda lhe sobraria dinheiro suficiente para iniciar um pequeno negócio, a exemplo de seu velho patrão, já falecido havia algum tempo.

Finalmente João estava feliz, completamente feliz!

No dia seguinte o negócio foi realizado. João recebeu das mãos do estrangeiro, num belo estojo de pelica, a joia de seus sonhos e, como o rapaz precisava viajar naquele mesmo dia, o pagamento foi feito em dinheiro.

A partir de então a vida de nosso personagem mudou por completo. Tornou-se sociável e não faltava a nenhuma festa, enterro ou reunião onde tinha a chance de exibir o seu troféu.

E foi numa dessas reuniões, mais precisamente numa festa de família, que João reencontrou seu primo Paulo. Haviam sido criados juntos, estudaram na mesma escola e, além dos laços de sangue, nutriam entre si uma amizade verdadeira.

Paulo, que havia se mudado para outro estado, era agora um homem de cabelos grisalhos. Não ficara rico, mas, com sua pequena relojoaria onde realizava consertos de joias e relógios, além de comercializá-los, vivia confortavelmente.

A primeira coisa que João fez, depois de abraçar efusivamente o parente querido, foi mostrar-lhe o relógio, narrando em detalhes o excelente negócio que havia realizado com seu amigo estrangeiro.

Paulo, feliz com a felicidade do primo, pediu para examinar o relógio.

Depois de olhar atentamente a joia exibida, de virá-la de um lado para o outro, cabisbaixo, devolveu-a a João.

Notando a mudança de expressão do primo, João perguntou:

— O que foi? Não gostou do meu Rolex?

— Gostei, claro! — disse Paulo. — É que...

— É que o quê? Fala logo! — interrompeu o dono da joia.

— É que você foi enganado! — sentenciou o outro.

— Enganado? Enganado como? — perguntou João, aflito.

um conto para levar em conta 19

— O relógio que te venderam, primo, não é um Rolex! É uma falsificação barata vendida no Paraguai! — atestou o relojoeiro do alto de seu conhecimento profissional.

— Falsificação? Paraguai? Você está é com inveja de mim pois nunca, por mais que se esforce, conseguirá comprar um Rolex! — berrou João, já completamente descontrolado. — E tem mais — continuou — ... se tiver um pingo de vergonha na cara, nunca mais fale comigo! Nunca mais me dirija a palavra! Invejoso! Mentiroso!

Sem mais nada a fazer, terrivelmente decepcionado, Paulo entregou o relógio falso ao seu dono e, triste, retirou-se da festa.

Dessa forma, terminou uma amizade tão antiga, apenas porque um dos amigos ousou revelar a verdade ao outro.

Paulo continua, até hoje, mesmo sem possuir um Rolex, a exercer dignamente sua profissão. Sua vida em nada mudou, embora reste a mágoa da amizade perdida.

João continua a exibir seu Rolex falso, mesmo depois da chuva que o inutilizou irremediavelmente. Se alguém lhe pergunta as horas, muda de assunto ou finge que não escutou.

MORAL DA HISTÓRIA: *Não se deve odiar aquele que nos mostra a verdade, mas repudiar a quem nos coloca no caminho da mentira.*

O autor

O autor, babalaô Adilson Ifaleke Martins, ao final de sua iniciação com o babalaô Baba Salau Arogundade Adekunle.

A Verdade

Eni ti kò tî Ifá l'áyé, Kò ì to ní Ifá l'orun;
Adia fún Orunmilá.
Gbogbo ayé kó ejó rè lo íwí l'órun pé
Igbágbe e rè n'ni wón lara,
Ki Olorun jàre ran elomíràn sì wón,
Ayé bàjé tan.
Erù àtòrìn kan lebo. Orunmilá gbó ó rú u.
O mura ó ló jé ejó, araye lóde òrun.

Aquele que não recebeu Ifá no mundo, não recebe Ifá no céu;
A adivinhação de Ifá é feita por Orunmilá.
As pessoas do mundo foram contar a ele, no céu, que
Viver juntos os tornava infelizes,
Deus poderia, por favor, enviar outra divindade para protegê-los,
O mundo estava totalmente arruinado.
O sacrifício foi um feixe de varas de atori. Orunmilá ouviu e ofereceu o sacrifício.
Ficou preparado (com isso) e foi para o céu defender-se das acusações das pessoas do mundo.

PARTE 1

Orunmilá

Sonho com Orunmilá
Óleo sobre tela de Etevaldo Brandão (acervo do egbé OBI).

Ao nos propormos a falar de Orunmilá, deparamos com inúmeras dificuldades diante das mais diversas e desencontradas informações existentes sobre esta entidade.

A primeira dúvida que nos assalta, e que aflige a grande maioria dos seguidores dos cultos afro-negros, está relacionada ao *status* do Deus da Sabedoria. Em que classificação hierárquica do panteão africano estaria Orunmilá? Seria ele um Orixá funfun, um ebora ou um ancestral divinizado?

É em obras reconhecidamente sérias e nos depoimentos daqueles que dedicam suas vidas a estudar e cultuar Ifá que vamos buscar subsídios para nossas conclusões.

Pierre Verger (1986, p. 126) afirma que Orunmilá não é ebora nem Orixá, embora, nos contos de Ifá, participe das aventuras das divindades iorubás. Entretanto, na mesma obra, em nota à parte, Verger (1986, p. 127, nota 1) coloca em dúvida sua própria afirmativa, ao declarar que Orunmilá é um dos 400 Imolè da esquerda citados por Epega.

Dentre todos os grandes mestres que escreveram sobre o assunto, destacamos Bernard Maupoil, antropólogo francês que, com sua obra — toda ela resultado de pesquisas realizadas no Baixo Daomé, notadamente no Abomey e em Porto Novo, de janeiro de 1934 a janeiro de 1936 —, quase esgotou por completo o assunto, pela plenitude do material apresentado.

Maupoil (1988, p. 41) afirma que, segundo informações de Zunnõ, babalaô de Porto Novo, Fá foi o terceiro filho de Mawu, aquele que criou os Odus (signos de Ifá) e os estabeleceu em Ifé.

Para os fon, povo que habita a região onde Maupoil desenvolveu sua pesquisa, Mawu é o aspecto feminino do Deus Supremo, tendo como contrapartida Lissá, que representa o aspecto masculino. As três pessoas se confundem numa só ou são na realidade uma só, da mesma forma que, nas religiões cristãs, as três pessoas que compõem a Trindade Divina representam um mesmo Deus uno e indivisível.

Para eles, no entanto, o aspecto maternal é ressaltado, motivo pelo qual o Criador é visto como a Grande Mãe, preferindo referir-se a Ele/a como Mawu, seu aspecto feminino.

Compreendemos então que, para o informante de Maupoil, Fá (Ifá-Orunmilá) seria o terceiro filho do Criador Supremo, o que o inclui também como uma manifestação diferenciada do Criador, antecedida por Lissá e Mawu. Isso dá a Orunmilá um *status* hierárquico infinitamente superior aos ocupados pelas demais entidades do panteão de divindades afro-negras.

Afolabi A. Epega nasceu na Nigéria, em uma família com cinco gerações de sacerdotes de Ifá. Em sua obra (EPEGA, 1987) encontramos a afirmativa de que Orunmilá (também denominado Ifá), a testemunha do destino, é a segunda divindade em ordem de importância no panteon iorubá, vindo depois de Oduduwa.

Entendemos que, sendo Orunmilá o Deus da Sabedoria, ele poderia, de forma muito abstrata, ser considerado a personalização ou individualização da inteligência divina, tendo como atributo o conhecimento de todo o mistério que envolve a existência universal em todos os planos e, como função, transmitir à humanidade a sabedoria relativa a todas as ciências, filosofia, artes, ritos etc.

Segundo esta tese, Orunmilá não seria uma entidade criada por Deus, mas uma manifestação d'Ele, com individualidade e independência totais.

O nome *Orunmilá* é também revelador deste mistério, de acordo com seu significado: "O céu conhece a nossa salvação" ou ainda: "Só Deus sabe o que seremos amanhã".

Outros nomes ou títulos honoríficos reforçam ainda mais esta tese:

Agbonmiregun ou *Akoogulogbón* — Aquele que nos deu o conhecimento, a instrução.
Aydegun ou *Aydogun* — Semente da vida.
Kpekpejenikpe — O invencível, que é duro como a pedra.
Aréfoyelu (fon) — Aquele que revela o que cada um possui no coração.
À ti kékeré sobón — Pleno de sabedoria desde a infância.
Ajagajigí — O que possui coragem e força superior.
Gbangba — O que diz a verdade em público.
Akonilogbon — O que nos dá a instrução.

Kpetu — Aquele contra quem os inimigos são impotentes.
Gbedekwi — Semente da vida.
Dondongbolò — Mestre da vida.
Gbonjosú — Dono das sementes sagradas (sementes do dendezeiro).
Sekpe n'do wè nu ku — O que alerta da presença da morte.
Ji-hwe Vodun — Espírito do céu.
Hwetobo do mia — Aquele que ilumina a todos.
Kpokisa Hosu — Rei de Kpokisa.
Babalu-aye — Pai supremo da vida (nome dado também a todos os Grandes Voduns e a Mawu, além de Ifá).

O poder de Orunmilá, assim como o seu empenho em combater o mal e os maus, está explícito num itan de Eji Ogbe que relata:

Eni burúkú n'sá lo,
Kúrò lójú Olódùmarè.
Olódùmarè ké lé e wí pé,
E mú ú!
Eni burúkú tesè mó rin n'lo,
Bèè ni a kò ri i eni ti ó lè mu u sílè
Nínú gbogbo irúnmalè to pé jo si wá òrun
Eni burúkú là wón kojá pátápátá tan,
O wá kan Orunmilá,
Orunmilá mu ú sìkún,
O fà á padà lo fún Olódùmarè,
Olódùmarè gbe é séwòn.

A pessoa ruim estava correndo,
Para longe dos olhos de Olodumare.
Olodumare exigiu a sua presença,
Peguem-na!
A pessoa ruim fugiu rapidamente,
E entre os Orixás que se reuniram no céu
Nenhum foi capaz de capturá-la,
A pessoa ruim passou entre eles,

E quando se aproximou de Orunmilá,
Orunmilá a capturou,
E a conduziu à presença de Olodumare,
Então Olodumare a aprisionou.

Apetebí Lúcia e Baba Salau por ocasião da iniciação de Adilson Ifaleke Martins.

Aspectos e atributos

Orunmilá possui em si três aspectos ou manifestações distintas, com diferentes atributos: Orunmilá, Ifá e Èlà.

Orunmilá

O Senhor da Sabedoria, patrono do oráculo divinatório composto por 256 figuras denominadas Odus e que são portadoras de mensagens (itans ou *patakís*), através das quais a instrução é transmitida aos humanos.

É novamente em Epega (1987) que vamos encontrar a informação de que Ifá é o conhecimento antigo dos iorubás e refere-

-se ao passado, presente e futuro. Segundo o autor, entre os 430 mil modos de expressão em Ifá, alguns são bem recentes e outros são mais antigos que os faraós.

Concordamos com Epega no que se refere à ancianidade de alguns itans, ou da maioria deles provavelmente, mas devemos acrescentar que existem outros bem atuais, nos quais se podem encontrar citações do uso de armas de fogo e de outras coisas que não remontam à época dos faraós.

Ifá

A manifestação material de Orunmilá. O sistema divinatório e todos os instrumentos que o compõem e que fazem parte da liturgia. Tudo o que é palpável e que possa de alguma forma fazer parte do culto. Os signos do oráculo (Odus), seus versos, lendas e ensinamentos. Os escritos. O próprio Orunmilá.

Na introdução de sua obra, *Ifá, a sabedoria da Antiguidade*, Epega (1987) afirma que originalmente Ifá não é nome de pessoa, mas a denominação dada às palavras misteriosas de Orunmilá que devem ser aprendidas pelos babalaôs; e cita o ditado *Mo nko Ifá*, que significa "Eu estou aprendendo Ifá".

É comum ouvir a expressão "dar comida a Ifá". O sentido pode ser variável, pois quem dá comida a Ifá tanto pode estar oferecendo algum tipo de sacrifício a Orunmilá quanto aos seus componentes oraculares, o que acontece muito, principalmente, no jogo de búzios.

Èlà

Sua manifestação mais sutil, que é exacerbada na iniciação de seus sacerdotes. O metafísico, o impalpável. A inspiração, a percepção, a intuição, a compreensão do sagrado, o domínio do mistério, a sabedoria, o subjetivo, a revelação.

A origem do culto

Não é sem motivo, e é por sua importância, que Orunmilá possui um culto exclusivo, independente e superior aos demais, com liturgia e cargos sacerdotais próprios.

Oriundo de Ifé, o culto se propagou por diversas regiões do continente africano, desde a Nigéria Ocidental até o Baixo Togo, onde ocupa uma região que se estende até a fronteira do antigo Império do Daomé, além de todos os países pertencentes à etnia iorubá.

Sabe-se, porém, que não chegou ao conhecimento dos povos bantos do Sul da África, que possuem outro sistema de adivinhação denominado N'Gombo. O contato com o oráculo de Ifá dos povos pertencentes a esta etnia e originários do Sul da África teria sido posterior ao trágico transporte de negros escravos para as colônias do Novo Mundo. O culto praticado por estes povos é hoje conhecido no Brasil como "Candomblé de Angola" e teria assimilado aqui, com os povos de origem nagô e fon, as técnicas oraculares referentes ao Ifá.

Ifé, aqui citada como região de origem do culto de Orunmilá, não pode, todavia, ser confundido com a cidade de mesmo nome localizada no Sudoeste da Nigéria, por possuir uma conotação bem mais mística e profunda do que a de uma simples situação geográfica. Os versos de Ifá fazem referência a sete Ifé. O primeiro, e possivelmente o original, é Ifé-Oòdáyé. Os outros são Ifé-Nleere, Ifé-Oòyèlagbòmoró, Ifé-Wàrà, Òtù-Ifé, Ifé Oòrè e Ifé-Oòjó (ABIMBOLA, 1977, p. 5).

Zunnõ, o informante de Maupoil (1988) já mencionado, afirmou que Ifá foi revelado através dos 16 signos oraculares principais (Odu-Meji) por Mawu, sobre uma pedra branca, retangular. O próprio Mawu pôs a pedra em Meca, e ela contém as letras do alfabeto árabe, os principais signos de Ifá e os caracteres latinos.

Meca teria sido, segundo Zunnõ, o local onde surgiu o culto. Daí foi transportado para outras regiões, tendo então se estabelecido em Ifé, onde foi criado o primeiro centro de estudos de Ifá e de culto de Orunmilá.

A origem árabe do sistema oracular de Ifá pode ser comprovada de diversas formas muito mais seguras do que uma simples declaração feita por um babalaô:

1 — As figuras que compõem o sistema de Ifá são perfeitamente iguais às que compõem um sistema divinatório de origem oriental denominado Geomancia Árabe, muito usado também na Europa, onde, após as devidas adaptações culturais, recebeu o nome de Geomancia Europeia. Um pouco mais adiante, o leitor poderá encontrar uma tabela comparativa em que cada uma das dezesseis figuras oraculares é apresentada com o nome pelo qual é conhecida nos três diferentes sistemas.

2 — Em todos os procedimentos do oráculo de Ifá, tudo é feito, escrito, lido e interpretado da direita para a esquerda, maneira adotada pelos árabes na escrita, ao contrário da forma ocidental.

3 — Em Madagascar existe um sistema de adivinhação denominado Sikidy, que não tem qualquer relação com Ifá, embora utilize signos de configurações idênticas aos Odus de Ifá. Diz-se que a introdução do Sikidy em Madagascar foi feita por imigrantes de origem semita que falavam e escreviam em árabe. Este fato nos leva a concluir que Ifá e o Sikidy possuem uma origem comum: a Geomancia Árabe.

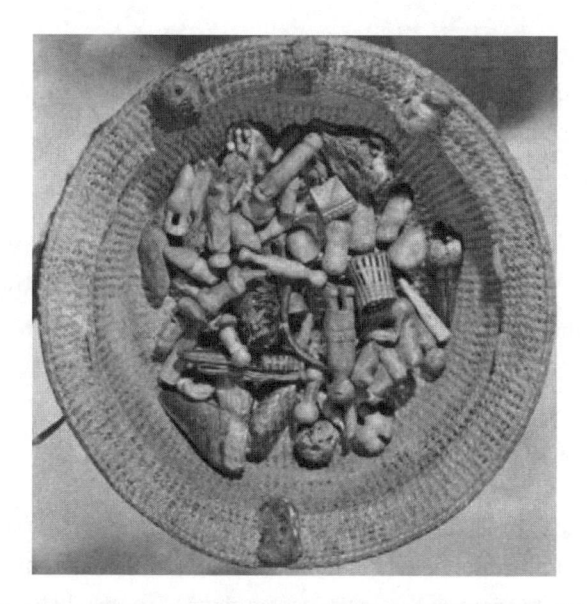

Peneira e peças utilizadas no sistema divinatório dos bantos, o N'Gombo (Angola).

4 — A palavra *Fá*, usada pelos fon da mesma forma que *Ifá*, pelos nagôs e *Afã*, pelos minas de Togo, pode ser encontrada no idioma árabe, no qual *fá* ou *fa'lun* significa *sorte, augúrio,* e *mujarrib El fal* é aquele que prevê o futuro, adivinho (MAUPOIL, 1988).

5 — Na Pérsia, nos séculos VIII e IX, ou seja, na florescência da cultura iraniana, a Geomancia era matéria ensinada em universidades célebres, como a de Bagdá, e estudada pela elite intelectual da época. Foram os sábios formados nessas mesmas universidades que, junto com a filosofia e a ciência adquiridas, levaram a Geomancia a Alexandria, ao Cairo, ao Sudão e à Europa, tendo na última como porta de entrada a Espanha, onde a influência da civilização árabe ainda hoje é notável.

Epega (1987), o africano, afirma que os símbolos Odu, originados de Orunmilá em Ile-Ifé, são muito antigos e similares a outros signos usados em diversos lugares da África, como Egito, Líbia, Senegal, Futa e os Estados Haussá.

Para fechar a questão destacamos da obra de Frikel, *Die Seelenlebre dar Gêge und der Nagô*, citada por Bastide e Verger (1981), a afirmação de que, segundo Trautmann e Maupoil, a adivinhação de Ifá parece ser de origem muçulmana.

O culto no Novo Mundo

Durante a comercialização maciça de escravos negros e seu consequente transporte para as colônias americanas, Ifá — assim como o culto aos Orixás e aos ancestrais (Egungun) — se estabeleceu definitivamente no Brasil, em Cuba e em outras ilhas do Caribe.

Como toda mudança tem seu preço, o culto teve que sofrer importantes adaptações exigidas pelo novo ambiente. Alguns dos elementos de origem botânica e animal utilizados não existiam no novo lugar.

O que pesou mais, no entanto, e que provocou mudanças fundamentais que até hoje se fazem notar de forma evidente, foi a influência exercida pela cultura europeia e pela religião dominante imposta, na maioria das vezes, pelo convincente argumento da chibata.

Ao que tudo indica, em Cuba o culto de Orunmilá conseguiu sobreviver, apesar das inúmeras distorções ocasionadas pelos motivos acima expostos e até mesmo, mais atualmente, pela evidente manipulação exercida por alguns babalaôs, na tentativa de centralizarem em si todos os poderes e direitos inerentes às diversas manifestações da religiosidade afrodescendente.

Naquele país do Caribe, o culto a Orunmilá é muito difundido. Apesar disso, não perdeu sua essência e ainda é reconhecido como "superior" em hierarquia ao culto dos Orixás.

Nosso amigo e colaborador, professor José Roberto de Souza — depois de uma viagem a Cuba onde participou de um simpósio educacional — comentou que é tão grande o número de babalaôs em Cuba que é comum o turista ser abordado por eles nas ruas, principalmente nas portas dos hotéis. Mostrando seus opelés, perguntam se a pessoa quer "mirar Ifá". Se a pessoa se interessa, o jogo é feito em qualquer lugar, às vezes em via pública, e invariavelmente, como resultado da consulta, vem a orientação de que o cliente tem que "fazer Ifá".

Apesar desta clara vulgarização nada se faz, na *santería* cubana, sem a orientação e o aval de um babalaô, sacerdote de Ifá. Os preceitos de Ifá são seguidos à risca e os ensinamentos contidos nos itans, que formam o seu corpo literário, são a base da doutrina e da liturgia ali existentes.

Para o seguidor da religião dos Orixás, os versos de Ifá possuem o mesmo valor sagrado e didático que os Evangelhos, para os cristãos, a Torá, para os judeus, o Alcorão, para os muçulmanos e os Vedas, para os hinduístas. Negar os ensinamentos neles contidos, sem ao menos tentar compreender o seu conteúdo esotérico, implica em negar toda a sua fundamentação religiosa, e apartar-se deles representa renegar todo e qualquer tipo de iniciação a que se tenha submetido.

Independentemente de usarem como base os itans de Ifá, que preferem chamar de *patakí*, os babalaôs cubanos criaram um método muito eficiente, embora absolutamente desconhecido na África. As mensagens e os ensinamentos contidos em itans, às vezes muito grandes e de difícil compreensão, foram decodificados e sintetizados em uma só frase, e seu conceito moral pôde, assim, ser memorizado com mais facilidade.

Essas revelações, inerentes a cada Odu em particular, foram organizadas e reunidas em diversas obras denominadas *Tratados de Ifá*, em que as frases que funcionam como vaticínios oraculares fazem parte de um quadro denominado *Disse Ifá*.

O *Tratado de Ifá* dos babalaôs cubanos seria, portanto, a enciclopédia do sistema oracular, na qual se pode encontrar, em síntese, tudo o que se refere a cada Odu. Alguns exemplos seriam como seus tabus, interdições alimentares e comportamentais, Orixás que "falam" através deles, Exu correspondente e que deve ser assentado para quem o possuir, folhas litúrgicas, minerais propícios, itans resumidos etc.

Apesar da praticidade que enseja a possibilidade de dispensar a oralidade como base de transmissão dos ensinamentos, o método propicia a criação de informações falsas e a eliminação de outras que possam servir de obstáculo para algum tipo de ação não permitida por este ou aquele Odu.

No Brasil, o culto a Orunmilá chegou a ser quase completamente extinto, restando dele pequenas lembranças, resquícios que sofreram também deformidades absurdas geradas pela mais absoluta falta de informações corretas.

Independente disto o candomblé não deixou de existir e, mesmo sem a dita "indispensável" orientação dos babalaôs, sobreviveu a todos os tipos de perseguições impostas pelas autoridades em consonância com os interesses da religião dominante. Ele cresceu a cada dia em número de adeptos e seguidores, atingindo, deste modo, um estágio de plena exuberância.

Do que se tem notícia, Martiniano do Bonfim teria sido o último babalaô brasileiro, embora tenha sido iniciado na África. Roger Bastide (1978) informa que a iniciação de Martiniano na

África consistiu mais em tirar seu Ifá pessoal, para tornar-se babalaô na Bahia, do que em interrogar os sacerdotes africanos sobre as divindades.

No Brasil, foi Edison Carneiro (BASTIDE, 1978) quem mais se interessou pelo assunto, fornecendo informações relacionadas à decadência do culto de Ifá e mostrando a diferença entre antigos babalaôs — como Martiniano do Bonfim e Felizberto Sowzer (este último conhecido como *Benzinho*) — considerados e respeitados por todos os pais e mães de santo dos terreiros da época, e os babalaôs que os sucederam, ditos de categoria inferior.

Bastide e Verger (1981) num trabalho conjunto acrescentam, aos nomes de Martiniano e de Benzinho, os de Tio Agostinho, que vivia nas Quintas das Brotas; Ti-Doú da Cerca; Leodovico; Tio Beneditino; Joaquim Obitico, vindo de Pernambuco; e Faustino Dada Adengi, antigo mestre de Bojé. Segundo os mesmos autores, em Recife também houve babalaôs famosos: Vicente Braga, vulgo Atêrê Kanyi; seu filho Joaquim, Aro Moxégilema; Cassiano da Costa, Adulendju; João de Almeida, Gogosara; seu filho Cláudio, Bangboxê ou Oya-di-pe; João da Costa, Ewé Turo; Osso Odubaladje; Tio Lino, Abeleiboja; José Bagatinha, Ogunbii; e Alanderobê.

Quanto ao Rio de Janeiro, João do Rio (BARRETO, 1951) disse existir uma confraria de babalaôs que não se confundia com os babaloxás ou pais de terreiro, nem com os feiticeiros.

Com a morte de Martiniano — que, ao que se sabe, nunca iniciou algum babalaô que pudesse substituí-lo — o culto desapareceu e, com ele, morreram as técnicas de adivinhação pelo opelé e pelos ikins, além da liturgia específica.

Todavia, o jogo de búzios praticado por babalorixás e ialorixás substituiu satisfatoriamente, dentro do âmbito do culto aos

Orixás, as apuradas técnicas do opelé e do ikin de uso exclusivo dos babalaôs, e isto foi suficiente para manter a integridade do culto. Segundo Bastide (1978), a substituição progressiva da adivinhação com o opelé pela adivinhação com o dilogun, que ele observava entre os babalaôs da Bahia, significou a substituição das "palavras" de Ifá pelas "palavras" de Exu.

A partir deste marco, o conhecimento dos Odus de Ifá, que são em número de 256, ficou restrito aos 16 principais Odus Meji ou Agba Odu. Mesmo esse conhecimento limitadíssimo correu o risco de extinção, na medida em que seus detentores, por egoísmo ou vaidade, negavam-se a transmiti-lo a quem quer que fosse, optando por levá-lo, depois de mortos, como galhardetes de suas urnas funerárias.

Ao contrário do que se afirma, os itans (versos e histórias) que compõem o modernamente chamado "corpo literário de Ifá" não são "respostas" para as consultas ao oráculo, embora possam, por vezes, ter também essa utilidade.

Muito mais do que simples "mensagens oraculares", os itans representam a descrição de toda a cultura de um povo, sendo portadores de ensinamentos de todas as ordens, incluindo-se aí orientações religiosas e os mitos relacionados ao culto das diversas entidades que ocupam o panteão deste povo.

E devemos entender *mito* no sentido que lhe dá Eliade (1992), ao dizer que ele é o relato de uma verdade sagrada, ou seja, de um evento primordial ocorrido no início do tempo, do que se passou *ab origine*. Seus personagens são deuses ou heróis não humanos, cuja gesta é um mistério que o homem não poderia conhecer se não fosse revelado. Então, contar o mito é fundar a verdade absoluta através da revelação do mistério.

É conveniente ressaltarmos que a teogonia afro-negra, principalmente a nagô, é tão ou mais rica que as que comportam lendas dos deuses de origem grega, egípcia, celta etc. No entanto, este tesouro cultural é ainda hoje visto, no Brasil, como "coisa de gente atrasada" ou numa expressão visivelmente racista, "coisa de negros".

Na tentativa de entendermos o motivo desta postura tão segregacionista quanto burra, concluímos que nela estão presentes e vivas todas as influências e resquícios de uma época em que o homem negro era considerado apenas como simples mercadoria, sem direito a opinião, pensamento, religião e — o que é pior — sem direito a identidade. O negro, mão de obra escrava, era visto por muitos como um ser desprovido de alma, um animal dotado de inteligência um pouco superior à dos outros animais.

Mas tudo isso serve apenas de disfarce para a verdade que precisa ser sufocada a qualquer preço: os deuses egípcios, gregos, romanos etc. são deuses mortos. Falar sobre eles, estudar seus mitos, conhecer as suas trajetórias é sinal de cultura, ao passo que os Orixás africanos são entidades vivas e atuantes, o que, para as religiões dominantes, principalmente as de origem judaico-cristã, representa um perigo e uma ameaça permanente.

Como prova disso apontamos a tentativa de descaracterização dos Orixás como deuses e sua inserção — e consequente depreciação hierárquica — no âmbito dos Eguns, na medida em que têm sido classificados como "ancestrais divinizados" — homens ou mulheres que, por seus feitos notáveis, foram elevados, depois de mortos, ao *status* de deuses ou deusas.

Infelizmente hoje, influenciada por essas informações inexatas e subversivas, forjadas por missionários colonizadores para servirem aos interesses das igrejas que os financiam, a maioria da população da Nigéria e de outros países onde se praticava o culto original acredita que os Orixás são personalidades que participaram da história e fundação de seu grupo étnico e de sua nação, o que exaltam com certo orgulho, sem perceberem que, com isso, depreciam seus próprios deuses.

Antropomorfizar uma divindade é recriá-la à imagem e semelhança do homem e, na contramão da gênesis, transfomar o Criador em criatura e a criatura em criador.

Não poderia esta atitude ser considerada como um belo fruto da vaidade humana?

Será que, por via dessa possibilidade, os africanos de hoje não façam questão de se considerarem descendentes deste ou daquele Orixá?

Que maior galardão poderia valorizar um ser humano do que ser neto, bisneto ou tataraneto de um deus? Apenas ser considerado o próprio deus reencarnado poderia superar esta honraria.

A Igreja Católica sustentou os sistemas monárquicos com o dogma, hoje considerado abominável, do direito divino à realeza. Por ele, impunha a crença de que, se alguém nasceu rei, foi por determinação de Deus e, sendo assim, nada deveria ser questionado, nem mesmo as taras e degenerações do rei eleito por "vontade divina".

Já em meados do século XX, Pierre Verger (1992) denunciava a ação subversiva de alguns autores a serviço de grupos religiosos altamente organizados, relacionando, com suas respectivas nacionalidades e religiões, os nomes a seguir:

Reverendo Samuel Crowter — iorubano — bispo protestante.
Reverendo Bowen — norte-americano — missionário batista.
Richard F. Burton — inglês — membro da Igreja Anglicana.
R. P. Baudin — francês — padre católico.

Abade Pierre Bouche — francês — missionário católico.
James Johnson — nigeriano — bispo protestante.
A. B. Ellis — inglês — membro da Igreja Luterana.
Reverendo Dennett — inglês — missionário protestante.
L. Frobenius — alemão — membro da Igreja Luterana.
Reverendo Samuel Johnson — iorubano — pastor protestante.
R. P. Mpoulero — iorubano — padre católico.
S. S. Farrow — iorubano — missionário protestante.
Reverendo Onadele Epega — iorubano — pastor protestante.
Reverendo Lucas — iorubano — pastor protestante.
Reverendo Paninder — inglês — missionário protestante.
Reverendo Bolaji Idowu — iorubano — pastor protestante.

Nesta lista constam apenas autores com obras editadas entre 1845 e 1962. Isso significa que, depois delas, num período de mais de 40 anos (até o tempo em que este livro foi escrito), muitas outras, movidas por objetivos idênticos, foram publicadas.

Dentre todos os Orixás classificados por pesquisadores sempre financiados por instituições religiosas como ancestrais divinizados e equiparados, por consequência, aos eguns, apenas um é exceção: Exu.

Exu, como um dos mais importantes, senão o mais importante dentre eles, foi assemelhado ao próprio Satanás.

Como amostra, em obra recente de mais um autor nigeriano (DOPAMU, 1990, p. 34), encontramos a afirmação de que os iorubás estão cientes da existência do mal, do qual Exu, para eles, é a personificação. Segundo o mesmo autor, a descrição do Demônio ou Satã se ajusta às características de Exu. Dopamu afirma ainda que sua preocupação básica é provar que Exu é completamente mau, é o próprio Demônio.

O autor acima citado é iorubano nascido e criado na Nigéria, formado em Estudos Religiosos pela Universidade de Ibadan, naquele país, e ocupa-se em ministrar cursos sobre Religião Africana e Estudos de Religião Comparada na Universidade de Ilorin. Tem publicado artigos sobre a tradicional religião iorubá em jornais científicos e assina, como coautor, vários livros, dentre eles o *West African traditional religion*.

Na mesma obra, o autor apresenta agradecimentos à sua esposa, que, segundo ele, sempre o encorajou, enquanto Exu o tentava, pretendendo que abandonasse a tarefa.

O livro, publicado originalmente em inglês, foi traduzido para o português; apresenta em sua capa uma figura representativa de Exu e, no título, aponta Exu como o "inimigo invisível do homem".

O que causa mais espanto é que a editora responsável por sua publicação no Brasil, conforme indicam o nome e o logotipo adotados, é especializada em obras sobre religiões afrodescendentes e de propriedade de um nigeriano que atua no país como sacerdote do culto de Orixás.

Na verdade não existe, na teogonia afro-negra, a figura representativa e concentradora do mal absoluto. Nada nem ninguém é, nesse contexto filosófico-religioso africano, absolutamente "bom" ou absolutamente "mau".

Bem e mal estarão presentes em todas as entidades, farão parte de todas elas, sem exceção de hierarquia ou *status* dentro do panteão. Eles interagem em suas próprias atitudes e ações, e mantendo, desta forma, o pleno equilíbrio buscado pela própria natureza.

Mesmo a Entidade Suprema, Olodumaré, possui em si todos os aspectos contidos na natureza, onde bem e mal são conceitos que podem mudar, de acordo com o prisma pelo qual um acontecimento é observado. E isto coincide, em muitos pontos, com outras filosofias de religiões ditas "pagãs".

O Deus Supremo, em sua grandiosidade, não interfere em nada, e tudo faz parte de um plano de existência perfeitamente administrado por seus representantes, os Orixás.

Da mesma forma que não possuem um ser que seja a representação e a concentração absoluta do mal, os africanos não possuem um Deus que, apesar de ser louvado como um Deus de amor, puna e castigue impiedosamente, de forma cruel e "por toda a eternidade", qualquer um que se negue a observar as regras impostas por seus sacerdotes, principalmente no que concerne a contribuições de aspecto material e financeiro.

Conscientes disso, os missionários, que atuavam e ainda atuam na África trataram de descaracterizar todas as entidades do culto original. Assim os Orixás, que sabidamente preexistem à raça humana e ao próprio planeta por ela habitado, foram transformados em "ancestrais divinizados", deixando de ser vistos como seres espirituais transcendentais e passando a ocupar o *status* de eguns, espíritos humanos desencarnados.

Exu, o grande Orixá, mensageiro de todos os outros, entidade sobre a qual se apoia toda a estrutura filosófica da religião, foi comparado a Lúcifer, o demônio dos islamitas, judeus e cristãos.

Atualmente, no Brasil, pesquisadores de nível acadêmico ou simples adeptos buscam resgatar os fundamentos perdidos ou deformados, fortalecendo, por consequência, o conhecimento essencial. O importante é que isto seja feito de forma tal que não venha a modificar ou comprometer o *modus operandi* que constitui, há séculos, a liturgia do candomblé brasileiro.

Os novos africanos

Iwá re láyé yìí ni yóò dá o léjó.
Seu caráter, na terra, proferirá sentença contra você.

Um intercâmbio cultural, formalizado entre Brasil e Nigéria nos anos 1970, conseguiu reavivar o interesse dos brasileiros pelos fundamentos aqui perdidos. Uma vez estabelecido contato com os jovens estudantes nigerianos recém-chegados, os fiéis brasileiros tiveram uma nova chance de resgatar informações importantes e indispensáveis na prática desta religião.

Os universitários africanos não se fariam de rogados para passar os ensinamentos de fácil acesso em sua terra, até mesmo porque isto se configurava como uma forma de ganharem algum dinheiro para viver de forma mais confortável.

Mas esses jovens eram, em sua maioria, cristãos ou muçulmanos. Nenhum deles era iniciado, nem sequer cultuava Orixá, e o simples fato de terem nascido na Nigéria e falarem iorubá não os habilitava a procederem a iniciações, fosse no âmbito de Ifá, fosse no de Orixás, o que passaram a fazer indiscriminadamente.

A falta de respeito à religião de seus ancestrais, aliada ao absoluto desprezo aos seus mais sagrados fundamentos, permitiria que assumissem atitudes absurdas, como iniciarem pessoas não qualificadas no cargo de maior hierarquia dentro do culto de Ifá-Orunmilá.

É notória a incompatibilidade das religiões por eles praticadas com o candomblé e não havia qualquer compromisso com a verdade, a ação destes jovens pode ser considerada, no mínimo, nefasta para o candomblé.

Em nossas pesquisas encontramos uma página da Internet com uma matéria intitulada *Islam's response to African traditional religion in Nigeria* (CLARK; LINDEN, 2010). Nela se pode ler que, embora as religiões tradicionais nigerianas nunca tenham competido com o islamismo ou o cristianismo, por não serem expansionistas, a eliminação das "práticas pagãs" e a conversão de seus seguidores têm sido vistas como direito e obrigação dos muçulmanos desde a entrada do islamismo na região. O que não difere em nada da atitude dos missionários cristãos de todas as vertentes.

Os seguidores das religiões tradicionais na Nigéria, que em 1900 eram calculados em cerca de 73% da população do país, foram drasticamente reduzidos a 5% já na década de 1980. E a queda continua desde que esta estatística foi publicada.

Fontes não oficiais informam que os seguidores das religiões tradicionais na Nigéria não ultrapassavam, na mesma época, o baixíssimo índice de 1,3% da população daquele país. Outra fonte mais digna de crédito (CISALPINO, 1994) informa que 86% da população da Nigéria, em 1994, era de muçulmanos, e que o Benim possuía, à mesma época, uma população estimada em 4 milhões de habitantes aproximadamente, dos quais 55% eram seguidores do Islã.

Em 1996 a população da Nigéria era estimada em 100 milhões de habitantes, divididos em etnias com o seguinte percentual: haussás 21,3%; iorubás 21,3%; ibos 18%; tivs 2,2%; nupês 1,2%, outros 8,1% (NIGERIA, 2010). Segundo a mesma fonte, a população da Nigéria era composta, em 2009, por 48% de cristãos das mais diversas denominações e 47% de seguidores do Islã. Observe-se que os 5% restantes estão divididos entre outras e diversas religiões, além de um número substancial de pessoas que não professam nenhuma religião.

O que se deduz é que, em decorrência desses fatos, a religião tradicional daquele povo está num franco processo de extinção. Os quadros sacerdotais não têm sido renovados de forma a atender às suas necessidades.

Os filhos dos sacerdotes preferem estudar, cursar universidades e, em detrimento da religião de seus ancestrais, abraçam a fé de seus colonizadores.

Já em 1936, Maupoil (1988) alertava para este fenômeno, afirmando que, depois da ocupação europeia, as crenças e os sentimentos que formavam a base do culto de Ifá tinham se alterado sensivelmente e que os filhos dos adivinhos exibiam desprezo e desrespeito pela religião paterna.

Se não há renovação dos quadros sacerdotais, fica evidente que o desaparecimento do culto, como consequência do falecimento dos velhos sacerdotes, torna-se inevitável.

De que forma pode a África exportar sacerdotes, se já não os possui em número suficiente para manter viva a religião tradicional em seu próprio chão? Como se pode exportar o que não se tem nem se produz?

Independente disto, são muitos os africanos que, chegando às Américas, "transformam-se", como num passe de mágica, em sacerdotes de cultos tradicionais que, na verdade, eles desconhecem e até desprezam. Suas atuações e interferências na prática do candomblé têm sido de tal forma incisivas que o rito tem sofrido alterações e mudanças que o descaracterizam por completo, transformando-o numa miscelânea em que ninguém se entende nem reconhece autoridade sacerdotal em quem quer que seja.

Como reflexo da ação dos falsos sacerdotes africanos, surge, no Brasil, um movimento de seguidores que pretendem modificar por completo a forma como vem sendo praticado o candomblé há séculos.

Segundo as pretensões dessa corrente, os Orixás passariam a ser cultuados, a exemplo da África, em assentamentos coletivos instalados dentro dos terreiros, o que extinguiria definitivamente o uso do igbá, em que cada iniciado cultua seu próprio Orixá, ali representado individualmente.

Na África, o culto a cada Orixá está ligado a uma região, cidade ou aldeia. Desta forma, Oxalá é cultuado em Ile-Ifé, com Oxalufã em Ifon e Oxaguiã em Ejigbo; Ogum, deus da guerra e do ferro, é cultuado em Ekití e em Ondô; Xangô, em Oyó; Logunedé, em Ilexá; Oxum, em Oxogbo e, assim, cada Orixá tem, em lugares específicos, templos de culto exclusivamente seus.

Por isso, não se vê um Orixá sendo cultuado e muito menos "assentado" no templo de outra divindade que não ele próprio.

Da mesma forma que, no templo de um Orixá, não poderá ser iniciado um iaô de outro Orixá.

Como resultado, no templo de Xangô, em Oyó, só são iniciados os filhos de Xangô; no de Oxum, em Oxogbo, só filhas de Oxum, e assim em relação a todos os templos de todos os Orixás.

Em sua forma original, o candomblé brasileiro pretende reproduzir, na própria estrutura geográfica, uma nova África, onde o quarto de cada Orixá ou o espaço a ele consagrado corresponde e representa a aldeia, vila ou cidade em que é cultuado no outro lado do oceano.

Mas este tipo de procedimento não pode ser seguido pelos "tradicionalistas tupiniquins" que, apesar de rotularem de errado todo o rito do candomblé brasileiro, adotam, por conveniência financeira, o culto de todos os Orixás num mesmo templo e dão iniciação a qualquer iaô, seja qual for o seu Orixá de cabeça.

Como justificativa para tal incoerência, os tradicionalistas defendem a possibilidade de se fazerem "todos" os Orixás num mesmo elegun e, desta forma, conduzidas por africanos e com o apoio de brasileiros desprovidos de qualquer tradição, observam-se hoje "saídas" de iaôs com diversos Orixás feitos de uma só vez.

O quadro sacerdotal

Eni l'óri rere ti kò ní ìwà ni yóò ba orí ré jé.
Ìwà rere lèsó èniá.
Se uma pessoa tem um bom destino mas não possui bom caráter, seu mau caráter arruinará seu destino. O bom caráter é o guardião da pessoa.

O culto de Orunmilá é absoluta e radicalmente patriarcal.
A iniciação de homens ao quadro sacerdotal do culto de Ifá-Orunmilá divide-se em duas partes: awofakan e babalaô.
As mulheres possuem, dentro do grupo, uma função de suma importância. Sua iniciação restringe-se ao cargo ou título de apetebís, e são consideradas como esposas legítimas de Orunmilá e depositárias de sua total confiança.

Somente homens podem exercer o cargo de hierarquia máxima, apenas eles podem ser babalaôs, e não existe correspondente feminino para tal cargo. Na linha mais tradicional, até a prática da homossexualidade é considerada como grave interdição para estes sacerdotes, o que significa dizer que os homossexuais, tanto quanto as mulheres, não podem ser babalaôs.

Em Cuba, estas regras são observadas fielmente e é estranho que um babalaô cubano tenha iniciado um brasileiro homossexual como babalaô, conforme citamos anteriormente.

Apetebí

Cargo feminino e único reservado às mulheres dentro do culto de Ifá. Não existe apetebí do sexo masculino, da mesma forma que não existe awofakan ou babalaô do sexo feminino. Não se conhece hierarquia dentro do quadro de apetebís e todas possuem a mesma importância dentro do culto. As apetebís são consideradas esposas de Orunmilá. Oxum, sua primeira esposa, teria sido, por consequência, a primeira apetebí.

A importância da mulher dentro do culto é ressaltada no seguinte Itan do Odu Iworiwodi:

> Kosi abiyamo ti ko lee bi Awo l'omo,
> Kosi abiyamo ti ko Lee bi Orunmilá...
>
> Não existe nenhuma mulher que dê à luz filhos que não possa dar à luz um Sacerdote de Ifá,
> Não existe nenhuma mulher que dê à luz filhos que não possa dar à luz Orunmilá...

São as apetebís que zelam pelos assentamentos, pelos objetos usados nas consultas oraculares e pelas comidas de Orunmilá, assim como todos os adimus oferecidos a qualquer entidade dentro da ritualística de Ifá, que devem ser feitos por elas. Orunmilá não aceita alimentos oferecidos que não tenham sido preparados por uma de suas sacerdotisas.

Desta forma, sem a presença da mulher, o culto fica estático, não pode ser realizado em sua totalidade, o que prova que a presença da mulher dentro do culto não só é necessária, mas absolutamente indispensável.

Existem dois tipos de apetebí: a iniciada através de ritual específico e a esposa de um babalaô que, mesmo pertencendo e professando outra religião, é reconhecida por Orunmilá como sua apetebí.

Na África, a poligamia é permitida e os sacerdotes de Ifá costumam possuir inúmeras esposas, tantas quantas possam sustentar. A posse de muitas esposas é uma espécie de exibição de *status* financeiro. Somente os homens bem-sucedidos podem ter mais de uma esposa. O mesmo costume é observado pelos muçulmanos, ao passo que os convertidos ao cristianismo ficam impedidos desta prática.

As apetebís são também chamadas de *Yanifá* ("mãe em Ifá"), mas este título é exclusivo daquelas que, uma vez iniciadas, possuem o seu Ifá individual além de seu Odu pessoal.

Às Yanifás é vedado jogar opelé ou ikins, mas é plenamente facultativo procederem a adivinhação através do jogo de búzios. Uma das maiores contradições, verificadas no Brasil, assim como nos Estados Unidos e na Europa, pelos "novos africanos", é o direito concedido às mulheres de manipularem a corrente do opelé e "baterem" ikins, marcando Odu no yierosun sobre o oponifá.

Conhecemos algumas mulheres, iniciadas por estes grupos ou por grupos descendentes, às quais foi permitido procederem a adivinhação de forma idêntica à dos ikins, apenas substituindo-os por pedrinhas. Isso prova que a imaginação destas pessoas é tão fértil a ponto de criarem formas de fugir daquilo que, embora não confessem, reconhecem estar errado.

Awofakan

Corresponde à introdução ao primeiro portal do culto, o que é permitido também aos homossexuais. Neste primeiro passo, o iniciando recebe a *primeira mão de Ifá* (tradução do termo *awofakan*), composta de um número limitado de ikins (sementes do fruto de dendezeiro ritualisticamente consagradas) que irão compor o seu Ifá particular. Esse número é variável: temos notícia da existência de mãos de Ifá compostas de 16, 18, 19, 21 e até 36 ikins, variando de uma escola para outra, tanto em Cuba quanto na África.

Neste estágio, o candidato a babalaô deve se dedicar ao estudo do sistema oracular e aprender, sempre sob a orientação de seu babalaô ou do ojubonã, a manipular o opelé e os ikins, a compreender as mensagens contidas nos 256 Odus, a identificá-los através de suas configurações indiciais e a memorizar, entender e decodificar o maior número possível de itans e sentenças contidas em cada Odu.

Os procedimentos litúrgicos básicos também fazem parte do aprendizado daquele que, somente após haver adquirido o conhecimento mínimo indispensável, poderá ser iniciado e consagrado para o cargo de babalaô.

Temos notícia de uma escola iniciática africana que considera o awofakan como um babalaô de categoria inferior, impedido de adivinhar pelo jogo de ikins e de proceder a iniciações de outras pessoas no culto. Assim, o cargo de awofakan seria um estágio de hierarquia inferior de um babalaô ou, mais precisamente, o primeiro degrau da iniciação.

Isso remete a uma nova discussão: se a prática da homossexualidade é interdição para os membros do quadro sacerdotal de Orunmilá, e se o awofakan é um babalaô de categoria preliminar, podem os homossexuais receber esta iniciação, que corresponde a adquirir a primeira mão de Ifá?

A resposta está contida no fato de que todos os seres humanos, de ambos os sexos e qualquer opção sexual, têm o direito

o quadro sacerdotal 53

de possuir o seu Ifá de culto particular e, por consequência, saber o seu Odu. Além disso, faltam determinados procedimentos iniciáticos ao awofakan, indispensáveis para que possa ser reconhecido como babalaô.

Babalaô

É o cargo sacerdotal de hierarquia máxima dentro do culto. O termo significa "Pai que possui o segredo" e, por seu peso e importância, só pode ser aribuído a alguém que domine um mínimo de conhecimento necessário para exercer tão importante função. Ser iniciado neste cargo sem possuir o saber indispensável é um desrespeito aos princípios básicos que regem o culto, alguma coisa comparável a colar grau ou diplomar-se numa área acadêmica antes de cursar a faculdade. Ser iniciado em Ifá sem nada saber de Ifá não é "ser" babalaô, quando muito, é "estar" babalaô.

Epega (1987) afirma que os babalaôs aprendem a reverenciar os nomes dos dois primeiros discípulos de Ifá em Ile-Ifé, *Akoda* e *Aseda* (Axedá), que viajaram e levaram os ensinamentos de Orunmilá a várias partes do mundo. Por isso, quando se encontram para consultar Ifá, os babalaôs falam: *Awa juba Akoda*, significando (Nós reverenciamos Akoda), *Awa juba Aseda* (Nós reverenciamos Axedá), *Akoda ti nko gbogbo aye n'Ifa* (Akoda que está ensinando o Ifá para todo o mundo), *Aseda ti nko gbogbo agba n'imoran* (Axedá que está ensinando todos os antigos conhecimentos).

Os membros desta casta sacerdotal são, portanto, os herdeiros espirituais de Akoda e de Axedá, tendo como missão continuar o trabalho iniciado por seus míticos ancestrais.

Os babalaôs dividem-se em diferentes categorias, de acordo com seu grau de conhecimento sobre os mistérios do culto. No topo da hierarquia encontra-se o Arabá ou Alabá, cargo ocupado por anciãos de incontestável sabedoria, não só no âmbito da religião como também no procedimento em relação à humanidade.

Depois do Arabá vem o Olúwo, que é o sacerdote de Ifá de maior importância para uma cidade ou comunidade em particular.

Abimbola (1997, p. 14) registra a seguinte relação dos mais importantes cargos de sacerdotes de Ifá na região de Òyó:

1. Aràbà
2. Olúwo
3. Ojùgbònà
4. Akódá
5. Asèdá
6. Erìnmi
7. Àrànsàn
8. Balésín
9. Otún Awo
10. Òsì Awo
11. Èkejo Awo
12. Alárá
13. Ajerò
14. Owáràngún
15. Obaléyó
16. Àgbongbòn

Somente os Arabás podem possuir o Igbadu, a cabaça de Odu, também conhecida como *Igba Iwa*, a cabaça da existência.

O Igbadu

O Igbadu é um elemento de culto cercado do mais profundo mistério, determinante de inúmeros tabus e que confere, a quem o possui, um poder extremo em que se inclui, segundo afirmam, controle sobre a vida e a morte.

No Igbadu estão contidas, por representação, todas as energias do universo, os Odu-Ifá e o axé de todas as entidades sobrenaturais. Desta forma, somente um grande sábio poderia ter livre acesso a tamanho poder.

Quatro pequenas cabaças contendo misteriosas substâncias estão dispostas dentro da grande cabaça do Igbadu. Elas representam os quatro cantos do mundo (os pontos cardeais), os quatro elementos, (fogo, ar, água e terra), além de muitas coisas que só aos iniciados cabe conhecer.

As quatro pequenas cabaças representam também quatro Orixás com seus respectivos axés. Assim, a cabaça contendo efun (pó branco) representa Obatalá; a que contém osun (pó vermelho) representa Obaluaiê; a que contém o pó negro do carvão vegetal (substituído, em alguns casos, pelo pó azul uáji) representa Ogum; e a que está cheia de lama representa Oduduwa.

Também os 16 Odu Meji estão ali representados. A cada um deles corresponde uma entidade misteriosa, com funções específicas controladas pela própria Divindade representada pelo Igbadu em seu contexto mais amplo e indecifrável.

Abaixo estão listadas as entidades que habitam o Igbadu, com suas respectivas atribuições, mas os nomes são secretos e não podem ser mencionados:

1. A Entidade que corresponde ao Odu Ejiogbe é do sexo masculino e sua função é fecundar e gerar vida. Repre-

senta o mundo e tudo o que vive no céu, na terra e na água.

2. A Entidade que corresponde ao Odu Oyeku Meji é feminina e sua função é receptiva e determinante de esgotamento de possibilidades e de saturação, o que propõe uma mudança inevitável. É fecundável pela ação da anteriormente citada.

3. A Entidade que corresponde ao Odu Iwori Meji é do sexo masculino e sua função é determinar o ponto de separação ou de interação dos planos de existência.

4. A Entidade que corresponde ao Odu Odi Meji é feminina e sua função é encarcerar o espírito na matéria, retirando dele toda noção de espiritualidade e de lembranças de vidas pregressas.

5. A Entidade que corresponde ao Odu Irosun Meji é do sexo masculino e sua função é proteger contra a ação dos inimigos a casa que tenha Igbadu.

6. A Entidade que corresponde ao Odu Owónrin Meji é do sexo feminino e sua função é controlar a prática da magia negra.

7. A Entidade que corresponde ao Odu Obara Meji é do sexo masculino e sua função é punir com a morte as mulheres culpadas de adultério.

8. A Entidade que corresponde ao Odu Okanran Meji é do sexo feminino e sua função é a de mãe de todas as pessoas que habitam a casa onde está o Igbadu.

9. A Entidade que corresponde ao Odu Ogunda Meji é do sexo masculino e sua função é proteger as crianças da casa e moldar o caráter de cada uma delas.

10. A Entidade que corresponde ao Odu Osa Meji é do sexo feminino e sua função é de comando sobre o

o quadro sacerdotal 57

mundo animado e sobre a prática da magia em todas as suas variações.
11. A Entidade que corresponde ao Odu Ika Meji é do sexo masculino e sua função é punir as pessoas da casa que cometem erros muito graves.
12. A Entidade que corresponde ao Odu Oturukpon Meji é do sexo feminino e sua função é agir em defesa das pessoas ameaçadas, sendo, neste atributo, mais rápida que qualquer arma.
13. A Entidade que corresponde ao Odu Otura Meji é do sexo masculino e tem como função guarnecer os quatro cantos da casa onde está o Igbadu. Possui quatro cabeças e cada uma delas fica direcionada para um canto.
14. A Entidade que corresponde ao Odu Irete Meji é do sexo feminino e sua função é revelar o Odu das crianças.
15. A Entidade que corresponde ao Odu Oxe Meji é do sexo masculino e sua função é vigiar as proximidades da casa. Nesta função pode fazer, igualmente, o bem e o mal.
16. A Entidade que corresponde ao Odu Ofun Meji é desconhecida. Dela nada se sabe e, por este motivo, evoca um tabu, uma proibição, um mistério indecifrável como a própria Existência Divina.

Cada elemento contido numa oferenda ou sacrifício a Igbadu deverá ser em número de três, e nunca dois, como é feito para Orunmilá. Desta forma, podem-se oferecer três, seis, nove, ou então 16 unidades de cada elemento, mas o número de duas unidades deve ser evitado.

Algumas coisas como a pimenta, o galo, qualquer animal macho, além de alguns animais selvagens, como o búfalo, o leopardo e o elefante, são interdições do Igbadu.

Uma vez por ano, coincidindo com o festival de Ifá, são feitos os sacrifícios a Igbadu, cerimônias das quais apenas babalaôs podem participar.

Mais uma vez encontramos provas da origem árabe deste sistema oracular quando, na prece de conjuração de uma consulta à Geomancia Árabe, observamos referências a diversas entidades evocadas por seus respectivos nome árabes: Beqrach, Yak, Anoukh, Halouk, Aner, Chemoul, Cherchehoheha, T'Rich, Hidouka, Cherahia, Inemouk, Deberdcha, Maach, Hourchal, Chas, Choucha (estes nomes estão colocados fora de sua ordem original para impedir seu uso indevido).

O Igbadu é, segundo Epega (1987), objeto de reverência e representa Oduduwa. Segundo a crença, sua influência favorece a vitória sobre os inimigos, longevidade, prosperidade e felicidade.

Ninguém poderá ser legitimamente considerado babalaô, mesmo tendo sido submetido integralmente ao processo iniciático, se, ao fim deste processo, não for simbolicamente levado diante do Igbadu para ali prosternar-se, reverenciando tudo o que nele está contido, assim como tudo o que representa. Isto é o que ensina um itan do Odu Oxe Yeku, do qual transcrevemos um pequeno trecho (VERGER, 1994):

> Ah! ireis abrir o apere Igbadu, ireis olhar.
> Ôdu pôs suas coisas lá antes de morrer.
> Ela disse que seus filhos vêm adorá-la,
> No corpo da cabaça que ela pôs no apere.
> Se o babalaô quiser adorar Ifá,
> Ele irá na floresta de Ifá,
> Se anteriormente ele não adorou Ôdu no apere,
> Ele nada fez,
> Ifá não sabe que ele veio adorá-lo,

o quadro sacerdotal

Não sabe que ele tornou-se seu filho.
Ele diz que todos os seus filhos que vieram à floresta de Ifá
Adorem novamente Ôdu, sua mulher, no apere.

Maupoil (1988) cita diferentes títulos honoríficos dados ao Igbadu:

Okolekotogowo — O que edifica a tua casa antes mesmo de ser pago.
Baba Agba — O Velho Pai ou o Grande Pai.
Igba Iwa — A Cabaça da Existência.
Alaburueje — O que se sacia com sangue.
Adakinikinikala — O Juiz Supremo que diferencia o bem do mal.
Asasaniluwo — Onipresente.
Òduolugboje — Aquele cujo assentamento não é de madeira, mas sim de chumbo.
Alikalu ou *Aliluwo* — O que está presente em todos os lugares ao mesmo tempo.

Às mulheres, no entanto, é proibido olhar o Igbadu ou mesmo penetrar no local onde ele se encontra. A punição para esta interdição é a morte ou a cegueira total.

Esta afirmativa encontra-se perfeitamente fundamentada no Odu Irete Ogbe, de cujo itan extraímos a seguinte parte (VERGER, 1994; grifo nosso):

> Ela diz, mesmo que alguém pedisse a sua ajuda, lhe dissesse que te combatesse, ela não te combaterá.
> Pois Ôdu disse que eles não farão Orunmilá sofrer,
> Ôdu, com seu poder e o poder do seu pássaro, combateria essas pessoas.
> Quando Ôdu acabou de falar,

Orunmilá disse: Nada mal.
Quando chegou o momento, Ôdu disse: Tu, Orunmilá,
Ela disse: Aprende depressa a minha proibição.
Ela disse: *Ela não quer que as outras mulheres dele olhem seu rosto.*
Orunmilá disse: Nada mal.
Então ele chamou todas as suas mulheres.
Ele as preveniu: *As mulheres de Orunmilá não olharão no rosto dela...*

Questões de gênero e o culto de Ifá

Muito se tem polemizado sobre a questão de mulheres poderem ou não ser iniciadas para o cargo de babalaô. Diversos Odus de Ifá determinam e fundamentam, em alguns de seus itans, a referida proibição, deixando claro que mulher não pode ser babalaô. Dentre eles, destacamos itans contidos em Irete-Ogbe, Irete-Meji e Irete-Owónrin. Subsídios neste sentido podem ser encontrados ainda em itans dos Odus Odi-Meji, Ogbeyonu, Osá-Meji e Oxe-Oyeku, todos relacionados a Iyami Oxoronga, a Orunmilá e ao próprio Igbadu.

Como vemos, o impedimento para mulheres ocuparem o cargo maior não é — ao contrário do que muitos afirmam — uma questão de discriminação machista ou de segregação do sexo feminino, mas uma tradição religiosa perfeitamente fundamentada naquilo que serve como alicerce para toda a prática de uma religião: os itans de Ifá.

Ao decodificarmos os itans anteriormente apresentados, concluímos que:

A. Orunmilá só reconhece, como seu sacerdote, aquele iniciado que tenha "adorado" Ôdu, representado pela

o quadro sacerdotal 61

misteriosa cabaça do Igbadu, em cerimônia específica (*Se anteriormente ele não adorou Ôdu no apere, ele nada fez, Ifá não sabe que ele veio adorá-lo, não sabe que ele tornou-se seu filho*).

B. Às mulheres é proibido "olhar" para o Igbadu, de acordo com a exigência feita por Iyami, e não lhes é permitido sequer adentrar o quarto onde estiver guardado. A quebra deste tabu é punida com a morte (*As mulheres de Orunmilá não olharão no rosto dela...*).

C. Se olhar e adorar o Igbadu é condição *sine qua non* para a convalidação de um sacerdote de Orunmilá diante do próprio Orunmilá, e se as mulheres, pelos motivos expostos, não podem fazer o mesmo, fica claro que elas — as mulheres — não podem ser babalaôs ou ocupar um cargo equivalente, seja qual for o título dado.

Da mesma forma que o culto de Ifá-Orunmilá é patriarcal, a sociedade Guélédé, na qual as Yami-Ajés são cultuadas, é absolutamente matriarcal, tendo seu corpo sacerdotal composto exclusivamente por mulheres.

> É nas regiões de Ketu, Egba e Egbado que vamos encontrar as "*Guélédé*", *máscaras usadas por homens que fazem parte de sociedades dirigidas e controladas por mulheres*. O objetivo dessas sociedades é aplacar a cólera de Iyami, por meio de rituais e danças em sua honra. As dirigentes destas sociedades ostentam o título de Erelu. Há ainda bem pouco tempo, podia-se assistir, na Bahia, a festa das guélédé, presidida pela Iyálode Erelu Maria Júlia de Figueiredo, Ialorixá do Candomblé do Engenho Velho (MARTINS, 1998, p. 106; grifo nosso).

É ainda no Odu Irete Ogbe que encontramos, no mesmo itan acima citado:

> Orunmilá disse: Hei! Tu, Ôdu.
> Ele sabe que tu és importante.
> Ele sabe que tu és superior a todas as mulheres do mundo.
> Jamais ele brincará contigo.
> Todos os seus filhos que são babalaôs,
> Previne-os para que jamais ousem brincar contigo,
> Porque Ôdu é o poder dos babalaôs.
> Ele disse, se o babalaô possui Ifá,
> Ele também tem Ôdu.
> Ele disse, o poder que então Ôdu lhe dá diz que
> Todas as mulheres que estão junto dele não ousem olhar o rosto dela...

Este é, sem dúvida, um dos motivos que impedem as mulheres de ascenderem ao cargo de babalaô.

Apesar disto, encontramos na Internet uma nota (EDEMO-DU, 2010) comentando a iniciação de uma mulher no cargo. Segundo o artigo, uma norte-americana foi iniciada em Ifá como *Iyalawo* (e não como apetebí) em 1995.

Segundo a sacerdotisa, seu iniciador teria recebido a aprovação de arabás de Ile-Ifé ao comunicar o fato à comunidade religiosa internacional. Entretanto, segundo outras fontes, alguns babalaôs cubanos, após viagem à Nigéria, afirmaram que os sacerdotes africanos contatados por eles asseguraram não reconhecer a iniciação de uma mulher nem aceitá-la na comunidade dos babalaôs.

A sacerdotisa citada publicou um livro relatando sua trajetória religiosa e descrevendo as pressões exercidas contra a sua iniciação no cargo tradicionalmente masculino (GONZÁLEZ--WIPPLER, 1994).

Está aí, de qualquer forma, um fato comprovado de iniciação de uma mulher no culto de Ifá. Mas a iniciação de mulheres no cargo de babalaô, não fica isolada apenas neste caso, como veremos a seguir.

o quadro sacerdotal   63

Encontrei um debate estabelecido de Internet num fórum especializado em religiões afrodescendentes, no qual muitos dos membros opinavam desfavoravelmente sobre a possibilidade de mulheres serem iniciadas no cargo de babalaô ou qualquer um a ele correspondente, foi postado o depoimento de uma ialorixá (PEGGIE, 2004), iniciada no Brasil e com casa aberta na Argentina, que afirmava ser produto de ignorância o repúdio à iniciação de mulheres nos altos cargos de Ifá, e alegando existir muitas mulheres na mesma situação no mundo.

Ela dizia, de forma pouco clara, ora ser uma *Iya Onifa* (Yanifá, termo também usado para intitular mulheres babalaôs) consagrada na Nigéria, ora ter sido iniciada por um sacerdote iniciado naquele país.

Para fortalecer sua posição, a ialorixá juntou ao debate fotos de uma jovem mulher africana utilizando o opon no que seria uma consulta ao oráculo de Ifá.

Justo ou não, o protesto da sacerdotisa serve como indicação de que existem babalaôs, africanos ou iniciados por eles, que dão às mulheres iniciação correspondente — pelo menos segundo o entendimento daquelas que a ela se submetem — ao cargo de babalaô, até então considerado como exclusivamente masculino.

A mensagem gerou acirrado debate. O confronto de opiniões contrárias e conflitantes degenerou-se e, na falta de argumentos, alguns participantes chegaram a trocar ofensas pessoais que em nada ajudavam na solução da questão: mulher pode ser babalaô?

Do debate estabelecido concluímos que, na verdade, a sacerdotisa teria sido iniciada não por babalaôs africanos, mas por um babalaô cubano naturalizado espanhol, com o possível aval dos africanos que o iniciaram.

Este babalaô, segundo se sabe, é defensor emérito da possibilidade de mulheres ocuparem o cargo de Iya Onifá, com todos os direitos e atributos de um babalaô.

O referido sacerdote (IFASHADE, 2010), nasceu em Cuba e, no início da década de 1990, mudou-se para a Espanha, onde adquiriu cidadania espanhola.

Segundo sua autobiografia, foi iniciado na *Regla de Osha* da *santería* cubana no início dos anos 1980 e, 20 anos depois, foi iniciado no culto de Orunmilá em Cuba, dentro dos preceitos ali estabelecidos.

Em 1992, já residindo na Espanha, viajou para a Nigéria em busca do que ele chama de "pureza ancestral" dos cultos de Orixá e de Ifá.

Desta forma, o sacerdote foi "reiniciado" como babalaô pelo Arabá de Ikire, tendo se vinculado posteriormente, por força de outros objetivos, a diferentes sacerdotes africanos.

O sacerdote ostenta o título de Ajabikin de Ifé, que lhe teria sido outorgado pelo Oni Ifé (Rei de Ifé) e pelo Arabá Agbaye, líder religioso de todo o povo iorubá.

Independente disto e como prova de total imparcialidade, apresentamos aqui dados extraídos da obra de Maupoil (1988, p. 133), a quem um adivinho nagô informou os nomes de algumas mulheres bokonõ da Nigéria: Odu Elewe (Odu faz o bem), residente em Akpoù; Fagoibo (Ifá é como um branco para mim), em Ado; Malufe (Originária de Ifé), em Abeokuta; e Osain Tola (Amuleto eficaz), em Ibadan. Maupoil também cita duas mulheres que foram scerdotisas de Ifá no, Daomé: Nagbokpesi, filha de Kpègla, rei de Abomey no fim do século XVIII, e Ajanuga, filha de Zomabù, rei de Dassa Zumê em meados do século XIX. Lembra ainda a foto de uma mulher consultando Ifá com um agùmaga (opelé), incluída em obra de Spieth.

Todavia, nem todas as escolas africanas concordam com este tipo de iniciação para mulheres. Reagindo a declarações feitas pela sacerdotisa norte-americana, que afirma haver recebido o Igba Iwa — o que lhe daria o título de Oluwo dentro da escala hierárquica dos babalaôs —, o Conselho Internacional da Religião de Ifá publicou na Internet (MUJER, 2010) uma nota repudiando a alegada titulação da sacerdotisa e afirmando que a proibição da iniciação de mulheres nos altos cargos de Ifá não resulta de discriminação, mas das regras fundamentais da religião.

Segundo o manifesto referido nessa nota (D'HAIFA, 2010), a proibição de mulheres possuírem, manipularem ou verem Odu está fundamentada nos Odus Ofun Meji, Irete-Osa, Irete-Ofun e Oturupon-Rete. Portanto, é uma interdição principal de Ifá, e sua quebra acarreta consequências físicas e espirituais. Com base nesses argumentos, o Conselho declarou não reconhecer a posse de Odu nem a titulação em alto cargo de Ifá dadas a mulheres.

O manifesto foi assinado pelos membros do Conselho Internacional da Religião de Ifá.

É interessante observar que o Chefe Makonranwale Adisa Aworeni, que teria dado o Igba Iwa a uma dama, segundo ela, é o mesmo que entregou idêntico atributo (ARABÁ, 2010) ao Babalawo Ifashade Odugbemi, iniciador de Iya Peggie. Mas ele seria também signatário do manifesto do Conselho Internacional da Religião de Ifá que condena tais atos, como membro do Conselho de Curadores, em que aparece apenas como Chief Aworeni.

Outra matéria muito interessante, encontrada no site da Ifa Foundation de Nova York (LUJAN, 2010), apresenta um sacerdote de Ifá, iniciado pelo líder dessa organização, que declara ser babalaô e gay. Mas nem todos comungam dessa opinião. Encontramos, na Internet, uma entrevista dada por um babalaô (ASK, 2010) que, ao ser questionado sobre como o homossexualismo é visto no Culto de Ifá, afirmou que esse comportamento não faz parte da tradição africana porque, para os iorubás, as uniões não são feitas com base em amor, atração ou prazer, mas no interesse da coletividade, que é visto principalmente como a procriação que garante a continuação da linhagem familiar. Essa opinião foi reforçada por outro babalaô nigeriano (MAIS, 2010). Sendo-lhe perguntado se é permitida a iniciação de homossexuais em Ifá, e como ficaria o papel da apetebí com um babalaô homossexual, o sacerdote afirmou que a questão não tem lugar na África porque o homossexualismo não faz parte da cultura iorubá, e que o assunto só aparece na diáspora.

Em documento divulgado na Internet (SEXUAL, 2010), outro babalaô nigeriano, um dos mais importantes sacerdotes de Ifá na atualidade, autor de diversos livros sobre o tema e membro de diferentes sociedades e grupos religiosos do culto de Orunmilá existentes na Nigéria, divulgou sua opinião sobre a homossexualidade em relação a Ifá, fundamentando-a com três itans de Ifá.

O primeiro está contido no Odu Ofun Irete, em que diz Ifá:

> O azeite de dendê é bom para acompanhar o consumo do inhame.
> O inhame é bom de ser comido junto do azeite de dendê.
> A escada é útil para se alcançar o teto.
> Para um homem é melhor fazer amor com uma mulher do que com um companheiro de seu mesmo sexo.
> Para a mulher é melhor dormir com um homem do que com outra mulher.

o quadro sacerdotal 67

> Se um home dorme com outro homem,
> O resultado será inchaços, ferimentos e desvios.
> Se uma mulher faz amor com uma companheira mulher,
> O resultado será obscuridade, odores desagradáveis, sujeira e irritações.
> Se um homem faz amor com uma mulher,
> Se uma mulher deita-se com um homem,
> O resultado será sentir-se no topo do mundo,
> A sensação de ter prazer ilimitado e indescritível.
> O pênis de Ofunrete é forte e grosso.
> Isto foi adivinhado para o casto celibatário,
> Quando ele ia casar com Olele descendente de Olofa.
> O celibatário chamou Olele,
> Mas ela respondeu que não.
> O problema não é maior do que um outro Ifá pode resolver.

Neste itan, Ifá destaca que é mais prazeroso fazer sexo com pessoas do sexo oposto e que esta é a forma de assegurar a reprodução da espécie.

Além disto, em um itan de Iwori-Odi, Ifá diz:

> Iwori olhou insistentemente para a genitália e considerou aquilo como sendo uma prática propícia.
> Você acha que, como Iwori, aquele que admira os genitais, é um bom Awó?
> Esta foi a revelação de Ifá a Panla-Apo
> Que fracassou ao tentar obter um esposo para casar-se.
> E preferiu enamorar-se de uma outra mulher.
> Foi-lhe aconselhado que fizesse ebó.
> Uma mulher que faz amor com outra mulher,
> Não sabes que ela está buscando uma genitália sem vida que não é produtiva para gerar vida?

Neste Odu Ifá diz que, se a finalidade do sexo é a reprodução, a relação com uma pessoa do mesmo sexo é indesejável por ser estéril.

Em outro itan de Iwori Odi, Ifá diz:

Se for esta a forma de administrar a comunidade,
A comunidade estava muito desejosa de residir em casa.
Esta foi a mensagem dos cidadãos de Iwori-Wodi
Quando Ifá aconselhou a todos os filhos de Osu distantes.
Portanto, aqueles que depois de casar-se pela primeira vez
Escolhiam ter relações com uma mulher
Eram advertidos para fazerem ebó.
Se esta é a forma como nós administramos a comunidade,
Estaria a comunidade tão ansiosa de viver em casa?

Segundo o babalão, neste Odu, Ifá se refere a uma mulher que, tendo sido casada, retorna à casa paterna e resolve fazer sexo com outra mulher, conduta apresentada como indesejável.

O sacerdote conclui que na opinião das linhas mais tradicionais africanas, o homossexualismo é uma prática incompatível com o culto de Ifá, uma vez que, se a essência da religião consiste em imitar as práticas das divindades, não existe nessa religião divindade homossexual para ser imitada.

Quero deixar claro, entretanto, que as opiniões apresentadas são de responsabilidade do babalão citado, e que não concordo com grande parte do que é por ele expressado, embora concorde com a não aceitação de homossexuais na função de babalaô.

Influências externas

Como vemos, por todo o mundo, o culto de Orunmilá tem se expandido de forma desordenada e, na maioria das vezes, os ensinamentos e fundamentos de um grupo são irremediavelmente incompatíveis com aqueles apresentados por outros grupos; e isto não ocorre apenas em referência às origens cubana ou africana.

Na verdade, a maioria das escolas africanas hoje representadas por todo o mundo adota procedimentos ritualísticos completamente diferentes. Da mesma forma, são diferentes alguns dos conceitos que defendem sobre coisas tão fundamentais que não poderiam apresentar diferenças sem colocar em xeque toda a estrutura filosófica e litúrgica do culto.

Como exemplo maior deste desacordo, cite-se o fato de alguns grupos defenderem o direito de mulheres serem iniciadas como babalaôs, enquanto outros grupos são radicalmente contra esta iniciação, considerada, entre eles, uma verdadeira transgressão do sagrado.

Por diferentes meios e agentes, o culto tem sido trasladado para regiões as mais diversas.

Sacerdotes oriundos de Cuba instalaram-se no Brasil, nos Estados Unidos, na Espanha e em diferentes países de língua espanhola, e ali têm difundido o culto, usando-o muito mais como um meio de vida. Da mesma forma, africanos oriundos da Nigéria criam suas sociedades de Ifá e, embora as origens iniciáticas de muitos deles sejam questionáveis, iniciam indiscriminadamente homens e mulheres, chegando ao absurdo de oferecerem iniciações via Internet.

De acordo com os sites que oferecem este tipo de iniciação, a pessoa interessada, após pagar o valor determinado, recebe pelo correio o *kit* com as orientações procedimentais e os objetos referentes à iniciação e à utilização do oráculo. Seguindo as informações, ela transforma-se em mais um babalaô que irá engrossar a corrente de inaptos e despreparados já existente.

Atingimos com isto, graças ao progresso cibernético, a simplificação de tudo: "Dê um clique no seu *mouse* e seja, você também, um sacerdote de Ifá!" Qualquer um, desde que tenha dinheiro, pode — ser ou pelo menos achar que é — um babalaô.

A iniciação, que em princípio objetivaria a aquisição do conhecimento e da sabedoria, busca hoje o título e o poder, ignorando que o poder é resultado da sabedoria adquirida.

Em decorrência encontramos em quantidade considerável babalaôs que, mesmo legitimamente iniciados, não sabem sequer o que são nem o que representa a função à qual se propõem.

Assim, Ifá, deixando de ser o mais importante segmento das tradicionais religiões afro-negras, passa a ser um negócio que funciona como uma "boutique de milagres", vendendo iniciações a quem possa pagar por elas. E são esses "compradores" de Ifá os que mais se exibem desfilando com belíssi-

influências externas 71

mos agbadás (conjunto de roupas africanas composto por calça, camisa, gorro e uma grande blusa de corte semicircular), como se o hábito pudesse fazer o monge.

Em um poema de Ifá encontramos recomendações explícitas neste sentido:

> Ifá é o sábio dono da terra e da vida,
> Portanto é bom que se vá devagar...

Em referência à iniciação de um babalaô, Verger (1986, p. 126), do alto de sua experiência de iniciado na África, informa: "... é uma iniciação totalmente intelectual. Ele (o iniciando) deve passar por um longo período de aprendizagem de conhecimentos precisos..."

Sobre o uso exagerado e indiscriminado de agbadás, Maupoil (1988, p. 537), descrevendo a representação esotérica do Odu Otura Meji, informa que ela consiste na blusa *nahwãmi* (denominada atualmente *kãsan*), usada no Abomey exclusivamente pelos ministros e soldados. O autor citado ressalta que essa blusa não deve ser confundida com a *djellaba*, de uso exclusivo do rei e do Agasunõ (grande babalaô), e que é denominada *woduwu* pelos fon e *agbada*, pelos iorubás.

Como vemos, até o uso de determinadas indumentárias tem sido abusivo, mas o que interessa realmente aos "novos africanos" é venderem as suas mercadorias, e os agbadás fazem parte de cada lote de contrabando trazido por eles ao Brasil.

Assim, vemos um desfile permanente de pessoas "embrulhadas" nas belas roupas africanas sem saberem, mais uma vez, o que elas representam e quem as pode legitimamente usar.

A verdade é que o culto de Orunmilá para cá trazido, seja por cubanos, seja por africanos, carece de organização, sistematização, fundamentação coincidente e uma liderança comum, aceita e respeitada. Esta deve ser exercida por sacerdotes intelectual e ritualisticamente iniciados, e que procedam de acordo com os ditames contidos nos *Mandamentos de Ifá* do Odu Ikafun (que se encontram mais adiante, neste mesmo trabalho, devidamente interpretados).

A sua ingerência sobre o candomblé também há de ser limitada, visto que, no Brasil, o culto aos Orixás sobreviveu durante muito tempo sem o concurso de babalaôs e, apesar disto, manteve intacta a sua tradição e expandiu-se de forma considerável.

A influência cubana

> Sòtitó; serere,
> Sòtitó o, serere
> Eni sòtitó
> Ni Imale í gbè.
> Igbá olóore kìí fó,
> Awo olóore kìí faya,
> Towó tomo níí olóore.

> Seja verdadeiro, seja bom,
> Seja verdadeiro, seja bom;
> É ao verdadeiro
> Que as divindades protegem.
> A cabaça do benévolo não quebra,
> O prato do benévolo não trinca,
> Dinheiro e crianças fluem para dentro da casa do benfeitor.

No ano 1991 chegava ao Brasil, trazido por Solange Bastos — repórter da extinta TV Manchete, e com quem viria a contrair matrimônio pouco tempo depois — o babalaô cubano Rafael Zamora Dias.

influências externas 73

Segundo suas próprias informações, Zamora teria sido iniciado no culto de Orunmilá pelas mãos do babalaô Rafael "Pipo" Hernandez, Omó Odu Obeká, quando contava apenas nove anos de idade. Recebeu então o nome de "Ifá Bìí" Awo Orunmilá Omó Odu Ogundakete.

Já em 1992, no dia 20 de março, no Sítio Saint Germain, localizado na Rua Rodrigues Campelo, 42, em Campo Grande, Rio de Janeiro, Zamora reunia um grupo de iniciandos constituído de sete pessoas, dentre as quais apenas uma do sexo feminino, que viria a ser a primeira apetebí consagrada em terras brasileiras.

Por ordem hierárquica, o grupo era composto das seguintes pessoas:

Lúcia Petrocelli Martins — Omó Obatalá — Apetebí — Omó Odu Ogbeyonu;

Adilson Antônio Martins — Omó Obatalá — Awofakan — Omó Odu Ogbebara;

José Roberto de Souza — Omó Ogun — Awofakan — Omó Odu Iworitura;

Claudemiro Barbosa Costa Filho — Omó Aganjú — Awofakan — Omó Odu Otura Owónrin;

Alberto Chamarelli Filho — Omó Xangô — Awofakan — Omó Odu Obarakana;

Roger de Oliveira Cândido — Omó Azauani — Awofakan — Omó Odu Osarete;

Alexandre Araújo Cavalcante — Omó Oxossi — Awofakan — Omó Odu Otura Obara.

Dos seis homens iniciados, apenas um chegou a ser confirmado babalaô na *regla* cubana. Indo a Cuba pouco tempo depois, na companhia de Zamora, Alberto Chamarelli seria consagrado

O primeiro grupo iniciado por Rafael Zamora, vendo-se, da esquerda para a direita, as seguintes pessoas: Rafael Zamora, Lúcia Martins (de pé), Adilson Martins, José Roberto de Souza, Claudemiro Barbosa, Alberto Chamarelli, Roger de Oliveira e Alexandre A. Cavalcante.

babalaô, passando a ser conhecido como Babalawo Ifálade Omó Xangô Omó Odu Odisá.

Depois da consagração de Chamarelli, o grupo se desfez por completo. Cada um seguiu seu caminho dentro da religião.

Alguns elementos da *santería* cubana foram radicalmente rejeitados por aqueles que já possuíam alguma iniciação ou conhecimento mais profundo do culto de Orixás no Brasil, ao passo que outros, que nada sabiam de candomblé, aceitaram as imposições do culto cubano.

Não queremos nem podemos criticar a forma como se processa o culto na *santería* cubana, que consideramos legítimo em todos os aspectos, mas é com veemência que criticamos e repelimos aqueles que, embasados nos ritos caribenhos,

influências externas 75

atrevem-se a afirmar, do alto de seu pedestal de vaidade, que o candomblé está alicerçado em erros e tudo o que nele se faz está fundamentalmente errado.

Ao leitor transferimos a responsabilidade de tirar suas próprias conclusões diante do seguinte fato: numa conversa mantida com certo babalaô cubano, então radicado em São Paulo — cujo nome, por questões óbvias, preferimos omitir —, tivemos a desagradável surpresa de saber que, segundo sua opinião, "tudo o que se faz no candomblé brasileiro está errado... o que se faz no candomblé está errado porque os sacerdotes brasileiros não conhecem TEOLOGIA!".

Em seguida, ao perguntarmos o que era teologia, disse-nos ele: "Teologia é o estudo dos Orixás africanos..."

A partir de então, não soubéssemos de antemão que teologia é "a ciência que estuda Deus e seus atributos", estaríamos, como muitos dos seguidores do referido babalaô, acreditando em mais um conceito errado.

O mesmo sacerdote cubano que fez tal afirmativa, ao ser indagado sobre o que significariam os termos *Olorun, Olodumare* e *Olofin*, saiu com mais esta pérola: "Olorun é o Deus que está no céu, Olodumare é o Deus que criou todas as coisas e Olofin é o Deus que os babalaôs recebem" (para os cubanos o termo "receber" tem o mesmo valor do "assentar" usado no nosso candomblé).

Relacionamos a seguir algumas peculiaridades inerentes ao culto de Ifá de Cuba:

1. Somente os babalaôs podem assentar Exu para quem quer que seja.
2. O mesmo se dá em relação a Oxóssi.

3. O mesmo se dá em relação a Ogum.
4. Orixá (seja qual for) de babalaô é mais poderoso que Orixá de santeiro.
5. Oduduwa é o rei dos Eguns e só pode ser assentado por babalaôs. A maioria dos babalaôs cubanos por nós contatados desconhece, quase que por completo, a existência de Oduduwa, Orixá feminino, irmã-esposa de Obatalá, de quem usurpou a função de criar a terra. Cultuam este Orixá como sendo masculino e senhor dos Eguns. Para maiores esclarecimentos sobre o tema, recomendamos (Martins 1998).
6. Só babalaôs podem proceder a sacrifícios de animais para qualquer entidade. Entretanto, apesar desta afirmativa feita por inúmeros babalaôs cubanos e outros brasileiros iniciados em Cuba, existe na *santería* o cargo de *axogún*, citado por Hernández Alfonso (1994) como um filho de Ogum que faz os sacrifícios de animais.
7. Babalaô assenta Olofin. Estes babalaôs são denominados *olofistas*. Segundo Hernández Alfonso (1994), os babalaôs de nível mais alto são os que tiveram Olofin assentado em cerimônias especiais.
8. Babalaô não incorpora nenhuma entidade, seja Orixá seja Egun. Isso é confirmado por Bastide (1978, p. 143), segundo o qual nem babalaôs, nem olossains nem ojés caem em transe: nem Ifá, nem Ossaim, nem os eguns incorporam em "cavalos". Mas, apesar disto, existem no Brasil pelo menos dois babalaôs, iniciados em Cuba e por cubanos, que "viram", um com Xangô e o outro com a entidade de Umbanda denominada Exu Tranca-Rua.

influências externas   77

9. Se um santeiro estiver consultando através dos búzios, caindo mais de 12 búzios abertos, o cliente tem que ser remetido ao babalaô. No jogo de búzios de Cuba, as caídas correspondentes a 13, 14, 15 e 16 búzios abertos não podem ser interpretadas no merindinlogun. Para dirimir qualquer dúvida a respeito do tema, recomendamos o livro de Bascom (1980).

10. Existe um cargo no Ifá de Cuba denominado *Oba Oriate* em que a pessoa é preparada para jogar búzios com uma peculiaridade só encontrada naquela região: cada Orixá possui um conjunto de búzios, de seu uso exclusivo, através do qual pode ser estabelecido um diálogo direto entre o Orixá e o oriate. Alfonso (1994) descreve o *oriate* como a pessoa que organiza e dirige as cerimônias, e os *italeros* como os *santeros* e *santeras* que realizam o *ita* (reunião para consultar os búzios sobre o futuro do iniciado. Ao nosso ver, parece ter ocorrido aqui uma pequena confusão, na medida em que são os *oriates* que procedem ao *ita*, o que daria a eles o título de *italeros*. Quanto à comunicação com os orixás, deve-se notar que o jogo de búzios ou merindinlogun tem Exu Elegbara como mensageiro único. É Exu quem, através dos búzios, intermedia a comunicação entre os homens e os habitantes dos mundos espirituais, levando os pedidos e trazendo os conselhos e as orientações, os recados e as exigências.

11. O *ôsun* ou *opa-orerê*, bastão que acompanha o babalaô em suas consultas oraculares, deixando de ser um elemento componente exclusivamente do culto de Ifá, é um Orixá que pode ser assentado por qualquer pessoa, iniciada ou não no culto de Orunmilá. Exis-

tem ainda *ôsuns* individuais de determinados Orixás como o *Ôsun de San Lazaro* (Omolú para os cubanos), cuja foto apresentamos neste trabalho. O *opá erere* é um objeto de culto que se assemelha ao opaxorô, bastão utilizado no culto de Obatalá. Ambos são confeccionados em metal, com um pássaro na extremidade superior. A diferença física entre eles é que o opaxorô, além do disco superior que sustenta o pássaro, possui outros discos de metal inseridos horizontalmente em diferentes alturas. É provável que o significado dos emblemas seja o mesmo, servindo ambos como um traço de união entre os dois mundos, Orum e Ayê.

12. Mesmo em procedimentos ritualísticos, na marcação dos signos de Ifá (Odus), o sinal duplo componente da configuração de um Odu é substituído por um círculo ou um zero. Como princípio, em qualquer procedimento mágico, litúrgico ou oracular, a mudança na inscrição de um símbolo ou de um signo tira dele o seu significado intrínseco e as características que o distinguem dos demais, transformando-o num simples desenho, o que faz com que se torne irreconhecível para as entidades ou energias que pretende evocar. Em relação à configuração dos Odus de Ifá, tanto na prática oracular do próprio Ifá quanto nos procedimentos mágicos, a combinação de traços duplos e simples superpostos em colunas de quatro sinais que compõem cada signo evoca as energias e os seres dos elementos fogo, ar, água e terra. A substituição dos sinais duplos por círculos na inscrição dos signos geomânticos, seja na geomancia africana (Ifá), seja na

influências externas 79

árabe ou na europeia, anula o poder mágico contido na figura, na medida em que os quatro elementos naturais não mais se fazem representar por seus símbolos que são triângulos, bastões, retângulos etc.

13. A iniciação intelectual pelo aprendizado é realizada, se for de interesse das partes envolvidas, depois da iniciação ritualística, o que provoca o surgimento dos "Frankensteins" de Ifá, babalaôs legitimamente iniciados, mas intelectualmente despreparados e que não sabem sequer o que é Odu.

14. Os Exus assentados para os babalaôs são mais poderosos, recebem "cargas", ao passo que os Exus de pessoas comuns são assentados somente em pedras, e por isto chamados de "Exu de otá".

A lista completa seria demasiadamente grande e, por isto, limitamo-nos a apresentar apenas os itens acima relacionados.

Os fundamentos da *santería* cubana encontram, pelos motivos que trataremos de expor, grande dificuldade para serem aceitos num país como o Brasil, onde o conhecimento sobre o culto dos Orixás difere profundamente daquele contido no culto caribenho.

O sincretismo com santos católicos é por demais arraigado nos cultos de Cuba, e isto faz com que novas incompatibilidades venham a ser observadas, tais como a impossibilidade de dissociar-se Omolu de São Lázaro, Xangô de Santa Bárbara etc.

Ôsun de San Lazaro (Omolú) usado pelos babalaôs cubanos. Os cães e as muletas semelhantes aos existentes na imagem do santo católico são, provavelmente, influência do sincretismo.

De acordo com Aróstegui (1990), os Orixás em Cuba estão intimamente relacionados e identificados com santos e emblemas católicos da forma que se segue:

Exu / Elegba: Niño de Atocha, San Antonio de Pádua e la Anima Sola;

Ogun: San Pedro, San Pablo, San Juan Bautista, San Miguel Arcángel, San Tiago Del Monte, San Antonio de Pádua;

Oxossi: San Norberto, San Alberto, Santiago Arcángel, San Huberto;

Ôsun (opa orerê): San Manuel, San Dimas, San Juan Bautista, Divina Providência;

Orunmilá: San Francisco de Assis, San José de la Montaña e San Felipe;

ODUDUWA: Jesus, Santíssimo Sacramento. Uma corrente de babalaôs cubanos afirma que Oduduwa é o "Rei dos Eguns";

OBATALÁ: Virgen de Las Mercedes;

AYAGUNA (Ajagunan): Jesus Cristo aos 33 anos;

IGBÁ IBO: Divina Providência, o "Olho de Deus" simbolizado por um olho inscrito dentro de um triângulo;

OXALUFAN: Jesus de Nazaré;

OSHA GUIÑA (Oxaguian?): Jesus Crucificado, San José de la Montaña, San Sebastian;

BABA FURURÚ: San Joaquin;

ORIXÁ OKE: Santiago Apóstol;

YEMANJÁ: Virgen de Regla;

XANGÔ: Santa Bárbara;

DADA BALDONE (Dada Ajaká?): San Ramón Nonnato e Nuestra Señora del Rosario;

OXUM: Virgen de la Caridad Del Cobre;

OYA / YANSAN: Virgen de la Candelária, Virgen Del Carmelo e Santa Teresa de Jesus;

OBÁ: Santa Rita de Cássia, Santa Catalina de Siena e Virgen del Carmen;

YEWÁ: Nuestra Señora de los Desamparados, Nuestra Señora de Monserrate, Virgen de los Dolores, Santa Clara de Assis e Santa Rosa de Lima;

NANÃ: Santa Ana;

BABBALÚ AYE (Obaluaye): San Lázaro;

OSHA OKO (Orixá Oko): San Isidro Labrador;

INLE OU ERINLÉ: Arcángel Rafael;

OSAIN: San José, San Benito, San Antonio Abade e San Silvestre;

AGGAYU SOLA (Aganjú): San Cristóbal, San Miguel Arcángel;

OCHUMARE: (tratado como um "caminho" de Yemanjá denominado "Yemanjá Ochumare"): Não tem correspondente católico e é considerado um Orixá de Ifá, ou seja, um Orixá que só os babalaôs podem possuir e cultuar;

OROIÑA: Sem correspondência no catolicismo, como Ochumare, é considerado santo de babalaô;

ORUGAN: Não tem correspondente católico e também é santo de babalaô;

OGGÁN (?): Só cultuado por babalaôs;

AYAÓ (seria Axagbo?): Culto exclusivo dos babalaôs;

BOROMU E BROSIA: Indicados como os guardiões de Oduduwa; seu culto também é direito exclusivo dos babalaôs.

Foi de uma santeira de Cuba que obtivemos a seguinte explicação:

> O Orixá tem poderes para se apresentar onde quiser e da forma que quiser. Em Cuba, Xangô resolveu ser Santa Bárbara. É assim que ele se tornou conhecido, da mesma maneira que Babaluaye é São Lázaro. Não se pode mudar isto porque é isto que eles são. Por que mudar o que o povo já aceitou?

A própria denominação dada ao culto — *santería* — demonstra, de forma inequívoca, o peso da influência do catolicismo sobre os cultos afrodescendentes lá praticados. O Orixá, sob a pressão desta influência, passa a ser simplesmente *el santo*, o seu culto, *la santería* e seus sacerdotes, *los santeros*.

Hernández Alfonso (1994) afirma que, além da influência católica presente no panteão da *santería*, outros elementos aparecem em sua prática, como a obrigação de cumprir os ritos católicos (batismo, frequência a missas, comemoração dos dias votivos dos santos) e o uso de objetos de culto (como escapulários, relicários, água benta, incenso, velas, flores).

O mesmo autor, na obra citada, se refere ainda à existência, na *santería*, de três tendências entre os adeptos: os que buscam seguir o africanismo puro, os que dotam a combinação de elementos africanos e católicos, e os que adicionam a estes elementos asiáticos e de outras origens.

Para melhor entendimento do que vai aqui exposto — embora reconhecendo que, no Brasil, o culto aos Orixás ainda não conseguiu se desatrelar por completo do sincretismo católico e que muitas das cerimônias praticadas continuam relacionadas ao catálogo litúrgico daquela religião —, é obrigatório apresentar uma prova documental do que se diz.

Encontramos, no conceito do Ifá cubano e, por extensão, no conceito geral das práticas afrodescendentes de Cuba em qualquer de suas vertentes, a figura denominada *As Sete Potências Africanas*, para as quais existem, inclusive, rituais e cultos específicos, citados e ensinados em determinado Odu constante dos Tratados de Ifá cubanos.

Ao tentarmos compreender o que seriam as Sete Potências Africanas, que julgávamos tratarem-se de ancestrais ou algum tipo de divindade por nós desconhecida, recebemos, de um babalaô cubano, uma prestimosa informação. Ela é mostrada a seguir, composta por uma estampa representativa das Sete Potências e uma prece em seu louvor, que preferimos deixar em sua forma e idioma originais, do jeito que foi impressa, mantendo, inclusive, alguns erros de grafia.

Gravura representando as Sete Potências Africanas.

ORACION DE LAS SIETE POTENCIAS AFRICANAS

Oh siete Potencias Africanas, que estais alrededor del Santo entre todos los Santos!
Humildemente me arrodillo ante vuestro cuadro milagroso para implorar vuestra intercesion ante Dios, Padre Amoroso, que protege a toda la creacion, animada. Yo os pido, enm nombre del Ssacratisimo y dulce nombre de Jesus que accedais a mi peticion y me devolvais la paz del espiritu y la propesridad material; alejando de mi pàso los escollos que son la causa de mis males, sin que jamas puedan volver atormentarme. Mi corazon me dice que

> *mi peticion es justa, si accedeis a ella añadireis mas glorias al nombre bendito por los siglos de los siglos de dios nuestro señor. De quien hemos recibido la promesa de "pedid y se os dara". Asi sea en el nombre del Padre, del Hijo y del Espiritu Santo. !Oidme Chango! escuchame Ochun!¡ atiendame Yemalla! ¡mirame con buenos ojos, Obatala!¡ No me desampare Ogun! ¡seme propicio Orula! ¡intercede por mi, Elegua! ¡concedeme lo que te pido por la intercesion de las "Siete Potencias Africanas".Oh Santo Cristo de Olofi! por los siglos de los siglos seas bendito amen.*

Sabemos o quanto o sincretismo foi útil no estabelecimento dos cultos afrodescendentes, tanto em Cuba quanto no Brasil, e é provável que, sob a influência mais "forte" do catolicismo hispânico em relação ao luso, tenha se enraizado lá com muito mais profundidade do que aqui.

O que um dia foi "mal necessário" torna-se, na medida em que o direito ao livre culto é assegurado por lei, nocivo ao melhor entendimento dos fundamentos mais legítimos de uma religião e seu consequente entendimento desatrelado das figuras sagradas para os católicos.

Quando, num momento de extrema necessidade, o negro africano mascarou sua religiosidade, usando para isto o sincretismo de seus deuses com os santos e deuses de seu senhor, pretendia, de alguma forma, estabelecer o seu próprio culto sem ser perseguido e castigado por isso.

Sabemos perfeitamente que é difícil extirpar, repentinamente, os conceitos de religiões que, convenhamos, são conflitantes na maioria de suas expressões.

Sabemos o quanto esses conceitos se interpenetraram com o decorrer do tempo, contando para isso com a manipulação de um lado mais fortalecido e oficialmente apoiado pelo próprio Estado, que impõe a submissão de outro lado, fraco e dependente da permissão do dominante para funcionar e para sobreviver. Por isso, foi impelido a adotar atitude de subserviência humilhante, inadmissível nos dias atuais.

Se fosse legítima a assimilação, como pretendem alguns, deveria se manifestar nos dois sentidos e não em mão única como sempre ocorreu. Isso levaria à celebração de cultos aos Orixás dentro das igrejas, onde Jesus seria louvado como Oxalá, da mesma forma que outros santos o seriam pelos nomes de seus pretensos correspondentes Orixás africanos.

Exemplo maior desta segregação é a cerimônia da Lavagem do Bonfim, na capital da Bahia, onde o povo de santo, numa manifestação de fé sincrética, reverencia Obatalá na figura do Senhor do Bonfim, enquanto as portas da igreja permanecem fechadas e bem trancadas para impedir que a devoção ali manifestada adentre os portais do templo de uma religião elitizada e discriminadora. Mas a tradição determina que a festa seja realizada a cada ano, e os subservientes, sem se darem conta da humilhação que lhes é imposta, continuam a repeti-la com o fervor de um verdadeiro devoto no quintal do seu senhor, impedidos que são de frequentarem os seus salões.

Admitimos que tal postura possa ser mantida perpetuamente pelo vulgo movido pela fé e pelo desconhecimento. Admitimos que o não iniciado, e que até mesmo o iniciado sem função ou cargo sacerdotal, mantenha tal postura de submissão. Compreendemos ainda que sacerdotes e sacerdotisas do *lése Orixá* as mantenham por pura tradição — até isso se pode admitir.

O inadmissível, o absurdo, o assustador é quando esta coisa se estende ao sacerdote de Ifá, ao babalaô, guardião do saber e dos segredos mais herméticos de nossa religião!

É absolutamente inaceitável que sacerdotes deste porte, que, se supõe, estejam intelectual e fundamentalmente preparados para repelir qualquer tipo de ingerência imposta por outra religião sobre a religião que professam, mantenham uma relação tão íntima a ponto de confundir o seu objeto de culto, Orunmilá, com um santo católico, São Francisco de Assis, ser humano que viveu e morreu como homem. Esta atitude representa a negação mais absoluta da origem africana do Ifá.

A aceitação do sincretismo por parte dos babalaôs, ou de um único babalaô que seja, remete a um resultado de desestabilização da nossa religião, da mesma forma que provar que o Diabo não existe provocaria o fim definitivo do cristianismo.

Que os leigos aceitem Xangô como Santa Bárbara ou como São Jerônimo, que o neófito entenda Oxalá como Jesus Cristo admite-se, embora nos caiba a obrigação de desfazer o equívoco. Mas quando esta postura é assumida por um sacerdote de Ifá-Orunmilá, um babalaô, aquele que se pressupõe possuidor do segredo e do conhecimento transcendental, a coisa se torna crítica, e uma religião, já tão combalida e enfraquecida pelas crendices tolas e infundadas, entra em estado de coma — como um doente em fase terminal.

Que se respeitem todas as religiões e seus símbolos sagrados, mas com a consciência de que o que umas fazem e cultuam nada tem a ver com o que fazem e cultuam outras tantas.

Respeitamos os fundamentos do Ifá cubano a ponto de usá--los em nossos ritos, respeitamos os babalaôs cubanos como sacerdotes de Ifá legítimos e inquestionáveis em suas iniciações, mas, infelizmente, não se pode admitir que ainda existam babalaôs daqui ou dacolá que acreditem que Orunmilá seja São Francisco, São Felipe ou ainda São José da Montanha, e que o Ôsun (opa erere) seja São Manuel, São Dimas, São João Batista ou, como alguns preferem... a Divina Providência!

Mas podemos afirmar que o sincretismo não é fruto apenas da diáspora. Ele já havia sido verificado na própria África e denunciado por Maupoil (1988), que encontrou no Daomé assimilações entre voduns e santos católicos, como Hevioso e São Miguel, Age e São Paulo, Avrekete e São Gabriel, Gu e São Pedro, Aydo hwedo e o anjo Ariel, Oduwa e Rafael, Ifá e o Santo Sacramento.

A influência africana

> Iwá lòrìsà, bí a ba ti hùú níí fíí gbe ni
>
> O caráter é como um Orixá, se o cultuamos bem, obtemos proteção e somos beneficiados.

Injusto seria, no entanto, apresentar pontos controversos no Ifá de Cuba como se, com isso, fosse nossa intenção mostrar qualquer inferioridade em relação ao que aqui nos chega *made in Africa*.

Consideremos, antes, o lapso de tempo em que, por força do regime político que orienta o seu governo, os cubanos estiveram afastados de toda e qualquer fonte de informação, resgate e reestruturação de conceitos.

O que fazem é legítimo e, funcionando perfeitamente há séculos, não pode nem deve ser contestado por quem quer que seja.

Temos observado e acompanhado, de perto, a trajetória de alguns jovens africanos, nigerianos na maioria, que vieram cursar nossas faculdades ou, simplesmente, comercializar produtos naturais de sua terra, utilizados no culto, como obi, orobô, efun, osun, uáji, egans, manteiga de ori e outras especiarias, além de roupas e peças de artesanato.

Quando chegam ao Brasil, esses jovens são cristãos ou muçulmanos. Pouco tempo depois, se apresentam como sacerdotes dos cultos aos Orixás, Orunmilá, Egungun, até mesmo sacerdotes de Gueledé e, mais recentemente, da Sociedade Ogboni e do Egbe Emeré.

E a que se deve esta conversão tão rápida, senão à possibilidade de — abusando da boa fé e da hospitalidade de nossos conterrâneos — ganharem dinheiro fornecendo-lhes "iniciações" ilegítimas, pelas quais nunca passaram e das quais possuem conhecimentos apenas periféricos?

Já na década de 1970, um grupo de estudantes nigerianos radicados no Rio de Janeiro, liderados por Benji Kayode Komolafe, então estudando medicina e hoje pastor protestante em seu país, dava "iniciação" à primeira turma de "babalaôs" brasileiros, dentre os quais possíveis homossexuais e algumas mulheres, estas por eles denominadas "yalaôs". Em matéria publicada num tabloide especializado em religiões afrodescendentes (SOUZA, 1990), encontramos a lista de 14 "iniciados em Ifá" por Kayode, juntamente com seu companheiro de estudos, Richard Yinka Alabi Ajagunan, em 1978. A mesma matéria apresenta Kayode e Richard como os responsáveis pelo renascimento do culto de Ifá no Brasil.

A sorte estava lançada e, mediante o sucesso e os lucros obtidos por Kayode e por seu sócio Richard (também evangélico), o movimento se expandiu de forma incontrolável, todos passaram a ser babalaôs e todos se sentiam no direito de "fazerem" novos babalaôs.

Inútil seria relacionarmos os equívocos praticados e implantados por estes aventureiros como fundamentos religiosos. Como fizemos em relação aos cubanos, apenas como curiosidade, faremos com os africanos — não aos legítimos babalaôs ainda existentes na África e que eventualmente aqui vêm para proceder iniciações e corrigir o que seus patrícios fazem de errado, mas aos que, aqui chegando, autodenominam-se babalaôs:

1. Em alguns segmentos questionados, mulher pode ser iniciada ao cargo de hierarquia máxima no culto de Orunmilá, com todas as atribuições e direitos exclusivos dos babalaôs. Às mulheres assim "iniciadas" dá-se o título de *yalaô* e, mais recentemente, de *yaonifá*; neste trabalho o assunto é debatido com a exposição de itans que fundamentam a proibição de mulheres iniciadas para tal função, nas vertentes tradicionalistas.
2. Nestes mesmos grupos, homossexuais podem ser babalaôs; entretanto, para as vertentes mais tradicionais, a prática da homossexualidade, embora comum e aceitável no culto de Orixás, é uma das maiores interdições para os sacerdotes de Ifá. A quebra deste tabu é punida com a morte, segundo informações contidas em itans do Odu Ogundakete.
3. O oponifá é utilizado para servir de base às consultas com merindinlogun, e os búzios são jogados dentro dele. Isto é praticado no Brasil, embora saibamos que na África, tanto quanto em Cuba, a sua utilização é outra. O tabuleiro de Ifá é usado na marcação dos Odus, que são impressos na sua superfície sobre uma camada do pó divinatório iyerosun. Entendemos que, no Brasil, a utilização do oponifá para jogar búzios é motivada pela necessidade dos africanos venderem estas peças que costumam trazer da África junto com esculturas de madeira etc.

influências externas 91

4. O Odu Oxetura (interação de Oxe com Otura) é "assentado" como "qualidade" de Exu e representado por um búzio a mais no merindinlogun. A ignorância implícita neste fato tem proporcionado grandes absurdos, como o costume de se "assentar" este ou aquele Odu considerado benfazejo e "despachar" outros, considerados malfazejos. A verdade é que nenhum dos signos de Ifá pode ou deve ser assentado, agradado ou despachado, uma vez que são determinantes de procedimentos ritualísticos, portadores de conselhos e orientações relativas ao comportamento de cada indivíduo, indicadores de remédios e de sacrifícios que sempre são oferecidos a Exu, em sua honra ou para que seja por ele conduzido e entregue às demais Entidades Espirituais de todas as classes e hierarquias.

5. As pessoas do sexo masculino podem cultuar livremente, ser ordenadas como sacerdotes e até mesmo assentar Iyami Oxorongá para quem bem entenderem, não tendo, neste sentido, qualquer interdição. Possuímos apostilas editadas por alguns africanos nas quais se ensina como "assentar", fazer, cultuar e cuidar das Velhas Mães. Entretanto, o culto às Yami Ajé é matriarcal, e a participação de homens nele limita-se às festas de caráter público onde os homens dançam mascarados e travestidos em honra de Ajé.

6. Os "babalaôs iniciados" por alguns destes africanos se utilizam da numerologia para procederem às consultas e, algumas vezes, apoiam-se também em cartas de tarô ou outros oráculos estranhos à cultura afro negra. Possuímos documentos coletados que incluem depoimentos dados por uma destas pessoas em entrevista à

imprensa (ENTREVISTA, 2001), nos quais é dito que uma consulta dura cerca de 90 minutos e inclui duas numerologias, dois jogos de búzios e dois de tarô.

7. A numerologia, tendo como base a data de nascimento do cliente, é utilizada para se fazer o que denominam "leitura de cabeça". O mesmo "babalaô" a que nos referimos no item anterior oferecia, em sua "clínica" em Brasília, com filial em Goiânia, os seguintes serviços: Ikin, opelé, búzios, tarô (Marselha, Crowley, dos jovens), numerologia africana, cabala, angelologia (anjos), radiestesia (pêndulo), rituais africanos (Orixás), rituais angelicais, rituais indianos (devas), mantras (indianos e indígenas dos EUA), energizações, orientações espirituais e manipulação do destino. Apesar das peculiaridades ecumênicas e multiculturais existentes em seu trabalho, o responsável pelo mesmo intitula-se Babalawo, sacerdote de Orunmilá / Ifá iniciado em Ibadan (Nigéria), especializado nos cultos de Orixá, Yami, Baba Egun e Ogboni. Além, é claro, de todos os outros cultos e sistemas divinatórios acima relacionados. Num anúncio extraído de um tabloide especializado editado no Rio de Janeiro, encontramos atividades e cursos ministrados por outro "babalaô" dito de origem africana que fazemos questão de relacionar como parte dos comentários existentes na matéria (ÒSÉÒTÙRÁ, [s.d.]): tarô, jogo de búzios por Odu, cristais, Orixás africanos, baralho cigano, Bàbá Èègúngún, incensos, Ìyà mì Òsòròngà, magia negra, Exus, cabala hebraica, curso de Àsògún (relação entre a lua e os fluidos), chakras, os poderes das folhas, astrologia, Orí e Borí, alquimia e curso Ilé Òrúnmílà

(preparo para iniciação em Ifá). Este mesmo "babalaô" incorpora uma entidade, identificada como Exu, que tem sua atuação estendida a todo o sistema galáctico, podendo viajar de um planeta para o outro, visitar estrelas, planetas e galáxias distantes, de onde traz, obtidas de mestres ascensionados, orientações para seus seguidores e muito mais...

8. Os babalaôs aqui iniciados pelos "novos africanos" nada sabem em relação à utilização e fundamentos do "Ôsun". Convém ressaltar mais uma vez que não nos referimos em nenhum destes tópicos ao Ifá praticado na África, mas àquele trazido para o Brasil pelos "novos africanos".

9. Os babalaôs e suas correspondentes femininas utilizam-se quase que exclusivamente do jogo de búzios em detrimento do opelé e dos ikins. Segundo Bastide (1978, p. 143), o culto de Ifá é masculino; a mulher só pode consultar a sorte com búzios.

10. A utilização de roupas africanas (abadás) é indispensável, se não obrigatória. Aqui, efetivamente, o hábito faz o monge.

11. Na maioria dos grupos iniciáticos operando no Brasil, não existe a "primeira mão de Ifá". O iniciando é elevado, imediatamente, à categoria de babalaô.

12. Babalaôs podem imiscuir-se no culto de Orixás, "fazendo" santo e dando obrigações específicas deste culto. Entretanto, na tradição, a função de "fazer" Orixá, assim como de proceder às obrigações de tempo inerentes ao longo processo de iniciação no culto dos Orixás, é exclusiva dos sacerdotes deste culto, babalorixás e ialorixás. Os babalaôs, como sacerdotes do cul-

to de Orunmilá, só podem proceder às iniciações neste culto.

13. Existem casos em que os iniciandos, além de não se submeterem às iniciações correspondentes à primeira mão de Ifá, foram iniciados diretamente como oluwos, como declarou um sacerdote que, após ser iniciado em Xangô no Brasil, foi confirmado como babalaô e Oluwo Real na África (ARABÁ, 2010). Será apenas coincidência que o Arabá, que teria entregue Igbadu à sacerdotisa norte-americana citada anteriormente, assinando depois o manifesto condenando tal atitude, seja o mesmo que transformou um iniciando de primeiro portal em Oluwo Real e (como informa o próprio iniciando) seu representante para a América, conselheiro do *International Council For Ifa Religion* e membro do Alto Conselho para a Religião de Ifa de Ile-Ifé?

14. O objetivo do culto é a obtenção de títulos e de poder, não importando o saber.

15. Não existe a menor preocupação em transmitir ensinamentos litúrgicos, filosóficos, oraculares ou procedimentais.

Enriquecendo nossa pesquisa, citamos Reginaldo Prandi (1994, p. 121) que, referindo-se a uma iniciação feita por africanos em São Paulo no ano 1987, diz que o curso foi ministrado por estudantes da USP vindos da Nigéria, onde pertenciam à elite desvinculada da religião tradicional. No Brasil, eles se apresentaram até como babalorixás e babalaôs e ofereceram iniciação a Orunmilá, prometendo aos alunos o poder e o saber sagrado do jogo de búzios. Prandi continua descrevendo o ritual, que inclui, entre outras coisas, o assentamento do Exu, o jogo para saber que Odu acompanhará o iniciando no exercício de suas funções de adivinho, a consagração das pedras que representarão os Odus no ibá-orixá etc. A seguir, os alunos tiveram aulas de búzios durante alguns fins de semana, mas não se interessaram pelos poemas sagrados que o professor não sabia utilizar. Depois dessas atividades, o grupo se dispersou. Prandi ainda afirma que os nomes adotados pelos alunos se inspiraram em publicações religiosas da organização *Orunmila Youngsters for Indigene Faith of America*, da Nigéria.

E podemos afirmar que as pessoas, assim enganadas, acreditam ter sido legitimamente iniciadas e, estribadas em sua ignorância, sentem-se no direito de iniciar outras pessoas que futuramente o farão com outras e outras... A semente apodrecida germina e seus frutos se espalham como uma epidemia sem controle.

Hoje, em todo o território brasileiro, podemos encontrar "babalaôs" em suas belas vestimentas africanas bordadas a ouro. Mas quantos, dentre eles, podem ser considerados babalaôs de verdade?

Quantos dentre eles serão, como num dos exemplos citados, babalaôs de feiras esotéricas, onde vão jogar tarô e adivinhar pela cabala dos números, o que fazem questão de divulgar via Internet?

Quantos, dentre tantos, buscaram Ifá pelo desejo de saber, pela devoção e vocação sacerdotais, e não em busca do poder e dos títulos que possam disfarçar-lhes a insignificância?

Quantos, nesta pequena multidão, saberão distinguir a diferença entre Ifá e Orunmilá num momento e, em outro momento, saber que são a mesma coisa?

Quantos, vestidos com seus agbadas, carregando seus erukerés, ajaezados com seus ilekés de contas importadas e de seus idés de pelos da cauda de ajanakú, não serão semelhantes a um pastel de estação de trem: enorme, bonito, mas recheado de... vento?

Quantos, no Brasil e no mundo, podem ser considerados babalaôs verdadeiros, de acordo com os ditames de Ikafun? Acreditamos que sejam raros aqueles que podem responder afirmativamente a estas perguntas.

O que falta é separar o joio do trigo, e não será a raça nem a nacionalidade que estabelecerá os parâmetros.

Exemplares de Opa Erere (ôsun).

A vulgarização do oráculo

O oráculo de Ifá, apesar de sua origem religiosa, perde, na maioria das vezes, o caráter sagrado, aviltado que é por tudo quanto denunciamos neste trabalho.

O sagrado, uma vez profanado, perde a credibilidade e, vulgarizado por quem nunca foi preparado iniciática e intelectualmente para dele fazer uso, vira moda e meio de vida para pessoas destituídas da mínima responsabilidade e respeito por ele. Assim, é transformado em porta de entrada para um verdadeiro "*shopping* de milagres", em que adivinhações, curas e soluções para todos os tipos de problemas são vendidas por preços variáveis de acordo com a cupidez daqueles que as comercializam.

Consultas oraculares fazem parte das atrações existentes nas feiras esotéricas, onde falsos babalaôs se exibem com seus ricos agbadas, agitando seus opelés, jogando búzios, baralhos ciganos, runas etc. etc. etc...

Nas calçadas mais movimentadas de cidades como São Paulo e Rio de Janeiro, além de outras, "adivinhos" dos búzios misturam-se aos vendedores ambulantes, num ambiente de total desordem e promiscuidade.

Propagandas são coladas nos postes e muros das cidades, enviadas pelo correio ou simplesmente enfiadas dentro das caixas de correspondência, e seu teor é sempre o mesmo:

> Pai Fulano joga búzios, buzaicos e tarô. Resolve todos os tipos de problemas. Traz seu amor de volta em três dias.
> Mãe Sicrana atende para jogo de búzios com a Pomba Gira Rainha de Todos os Caldeirões dos 700 Infernos. Matamos em 24 horas a amante de seu marido. Sigilo absoluto.
> Milagrosa Vovó Não Sei das Quantas atende para jogo de búzios africanos e indianos. Desmancha feitiço e faz bruxarias. Preços módicos. Resultados garantidos.

E, por último, para nossa surpresa e decepção, encontramos num jornal de grande circulação da cidade do Rio de Janeiro (DIA, 2002), na mesma página de classificados de bordéis, casas de massagem e prostituição, o seguinte anúncio: "Babalawo de Ifá cubano. Atendo com opelé ifá. Resolvo problemas amorosos, negócios e bruxarias..."

A cada virada de ano, "pais de santo" e "babalaôs" vendem a alma por uma chance de aparecer em programas de rádio e televisão, na ânsia de se tornarem conhecidos e de aumentarem, por consequência, o número de incautos que irão procurá-los em busca de soluções mágicas para suas aflições.

Desta forma vemos, com profundo pesar, o que deveria ser sagrado transformado em curiosidade e atração de programas de rádio e TV, onde pessoas inescrupulosas, que pensam estar se promovendo — quando na realidade estão se expondo ao ridículo — não hesitam em desfilar seu repertório de bobagens como: "O ano será regido por Xangô porque começa numa quarta-feira." Ou ainda: "O Odu que regerá o ano será Oxe porque a soma dos algarismos que o compõem resulta em 5, número deste Odu."

a vulgarização do oráculo 99

Outros, mais cautelosos, preferem prever o óbvio, e deles obtemos pérolas como: "Este ano morrerá uma personalidade do cenário artístico internacional" (em que ano não morre uma pelo menos?). "Alguns políticos terão seus nomes envolvidos em escândalos por corrupção" (isso é mais óbvio do que dizer que "água molha"). "Haverá guerra" (nem que seja entre torcidas de futebol, sempre há guerras). E por aí vai...

É claro que essas pessoas têm todo direito de se promoverem e até de se desmoralizarem, transformando-se em alvo de críticas e de zombaria. O que lhes deve ser negado é o direito de fazerem o mesmo com Ifá e de tornarem alvo de descrédito e de escárnio o seu oráculo. O que lhes deve ser proibido é o direito de profanarem o sagrado e fornecerem, assim, armas que irão fortalecer o já farto arsenal dos detratores desta religião.

Selecionamos matéria de um jornal de dezembro de 2001 (QUE, 2010) para uma análise das previsões feitas para 2002. O "adivinho" em questão, dentre coisas óbvias, afirmou que: "... Não vejo Lula no poder..." Lula foi eleito Presidente da República (ou será que a Presidência da República não é o "poder" ao qual se referiu?). "... Vejo grande escalada de Roseane Sarney e Ciro Gomes..." Roseane foi impedida de concorrer e Ciro Gomes esteve sempre entre os menos votados. "... O Brasil tem chances até de chegar às finais. No entanto, a conquista do caneco é improvável..." Apesar deste mau agouro, fomos pentacampeões!

Da mesma forma, e cada vez com maior intensidade, encontramos sites na Internet oferecendo jogos de búzios, de opelé e de ikins, não importando a que distância estejam os clientes: "Façam a remessa de $$$$ para a conta tal, ou use o seu cartão de crédito (aceitamos qualquer um)".

Como prova disto selecionamos, dentre muitos, o texto intitulado *Divination*, encontrado em um destes sites (IFA, 2010).

Nele, o "babalaô" explica que a adivinhação é como uma fotografia instantânea da vida do cliente, que mostra o fluxo de energia a que este se conecta e permite identificar seu caminho, as energias que deve usar para obter o que deseja, os ebós que deve fazer para manter o equilíbrio.

Mais adiante, referindo-se às dúvidas suscitadas por consultas feitas desta forma, o "babalaô" esclarece que esta é uma dúvida comum entre os que não entendem como a adivinhação pode ser exata, mesmo feita por telefone ou e-mail. E prossegue explicando que a energia não tem limites, e que é um absurdo pensar que Orunmilá tem sua função limitada a um determinado espaço físico.

Concordamos, em parte, com o afirmado! A função de Orunmilá, assim como as energias advindas Dele e de todos os Orixás, não tem limites e tampouco se restringem a um pequeno (ou grande) espaço físico. Compreendemos, no entanto, que nós não somos Orunmilá, da mesma forma que não somos os Orixás que cultuamos, e nossas limitações são tão imensas e óbvias que temos que, reconhecendo-as, nos ater às regras estabelecidas na prática oracular que delimitam não o campo de atuação de Orunmilá, mas o campo de percepção de quem consulta o seu oráculo.

No final do texto, cansativo e pouco convincente, está o telefone para consulta e, logo abaixo, pode-se ler o endereço eletrônico do "babalaô", com a recomendação de enviar uma mensagem para ele se a pessoa preferir uma consulta por e-mail. Fechando a página, fotos dos diversos cartões de crédito aceitos para pagamento das consultas propagadas.

Não bastasse essa avalanche calamitosa de informações conflitantes e irreconciliáveis em seus mais básicos princípios, surgem outros fenômenos que, embora ocorrendo em menor intensidade, não podem ser omitidos num trabalho que tem como preocupação maior a isenção no que concerne a determinar o que está certo ou errado, deixando esta função para o próprio leitor.

Existem, no Brasil, "babalaôs da umbanda" que se intitulam, a exemplo do Dalai Lama, "reencarnação comprovada" de algum babalaô falecido. Existem, ainda, "babalaôs iniciados também na umbanda por Pretos Velhos que, em vida, foram babalaôs. Existem também "babalaôs" que, por serem descendentes, filhos ou netos de babalaôs falecidos, consideram-se como tal, mesmo sem nunca terem sido submetidos a qualquer iniciação intelectual ou ritualística no culto de Ifá Orunmilá.

Os mandamentos de Ifá

Os mandamentos de Ifá nascem no Odu Ikafun e ninguém pode gabar-se de sua autoria. Os conceitos constantes no presente documento representam a herança moral que nos foi legada por nossos ancestrais, consistindo em 16 Mandamentos de Ifá transmitidos oralmente de geração a geração e que devem, agora, chegar ao conhecimento de todos aqueles que, de alguma forma, se interessem por nossa religião. A tradução do documento aqui apresentada, assim como a interpretação dos mandamentos e tudo aquilo que não consta no documento original, é de responsabilidade do autor desta obra, Adilson de Oxalá, Babalaô Ifaleke, Omó Odu Ogbebara.

Itan do Odu Ikafun

  Ení da ilè á ba ilè lo
  A difá fun àgbààgbà merindínlógún
  Wón n'relé Ife wón nlo toró ogbó
  Awón lè gbo àwon lè to bi Olódùmarè ti ran won ni wón dá Ifá si
  Wón ní wón a gbo, won a to sùgbón ki wón pa ìkìlò mó.
  Ifá ni:
    1 — Wón ní ki wón ma fi èsúrú pe èsúrú.

2 — Wón ní ki wón ma fi enikan pe èsúrú.
3 — Wón ní wón ki ma fi odíde pe òòdè.
4 — Wón ní ki wón ma fi ewé ìrókò pe ewé oriro.
5 — Wón ní ki wón ma fi àimòwè ba won dé odò.
6 — Wón ní ki wón ma fi àilókó ba won ké hain-hain.
7 — Wón ní ki wón ma gba onà èbùrú wó'lê Àrabá.
8 — Wón ní ki wón ma fìikóóde nu ìdí.
9 — Wón ní ki wón ma su si epo.
10 — Wón ní ki wón ma tò si àfò.
11 — Wón ní ki wón ma gba l'ówó afójú.
12 — Wón ní ki wón ma gba òpá l''owó ògbó.
13 — Wón ní ki wón ma gba obìnrin ògbóni.
14 — Wón ní ki wón ma gba òbìnrin òré.
15 — Wón ní ki wón ma s'oro ìmùlè l'éhìn.
16 — Wón ní ki wón ma sàn àn ìbàntè awo.

Explicação dos mandamentos de Ifá

Quando os Maiores (16 ancestrais respeitáveis) chegaram à Terra, fizeram todos os tipos de coisas erradas que foram avisadas que não fizessem. Então, começaram a morrer um atrás do outro e, desesperados, puseram-se a gritar e a acusar Orunmilá de estar assassinando-os. Orunmilá, então, defendeu-se dizendo que não era ele que os estava matando. Orunmilá disse que os Maiores estavam morrendo porque não cumpriam os mandamentos de Ifá.

Então Orunmilá disse: "A habilidade de comportar-se com honra é obedecer aos mandamentos de Ifá, o que é de sua inteira responsabilidade. A habilidade de comportar-se com honra e obedecer aos mandamentos de Ifá é minha responsabilidade também."

1º Mandamento

Eles, os 16 Maiores, caminhavam em busca da Terra Prometida, Ile-Ifé, a Terra do Amor, para pedirem Ire Ariku (a benção da longevidade) ao Deus Supremo, Olofin.

Então perguntaram a Orunmilá: "Viveremos vida longa como foi prometido por Olodumare quando foi feita a pergunta através do oráculo de Ifá?"

E Ifá respondeu: "Aquele que pretende vida longa que não chame de *esúrú*."

Significado do 1º mandamento:
O sacerdote não deve enganar ao seu semelhante ensinando com conhecimentos que não possui.

Interpretação:
Esúrú é um tipo de inhame parecido com pequenas batatas; chamar de *esúrú* é falar do que não se sabe. O sacerdote não deve dizer o que não sabe, ou seja, passar ensinamentos incorretos ou que não tenham sido transmitidos pelos seus mestres e mais velhos, nem adquiridos de formas legítimas. É necessário o conhecimento verdadeiro para a prática da verdadeira religião.

Mensagem:
Quem abusa da confiança do próximo, enganando-o e manipulando-o através da ignorância religiosa, sofrerá graves consequências pelos seus atos. A natureza se incumbirá de cobrar os erros cometidos e isto se refletirá em sua descendência consanguínea e espiritual.

2º Mandamento

Eles avisaram aos Maiores que não chamassem a todos de *esúrú*.

Significado do 2º mandamento:
O sacerdote deve saber distinguir entre o ser profano e o ser sagrado, o ato profano e o ato sagrado, o objeto profano e o objeto sagrado.

Interpretação:
Não se pode proceder a rituais sem que se tenha investidura e conhecimento básico para realizá-los.

Chamar a todos de *esúrú* é considerar todas as coisas como contas sagradas; é considerar a todos, indiscriminadamente, como seres talhados para a missão sacerdotal — o que é uma inverdade, ou pior, uma manipulação de interesses. Da mesma forma que nem todas as contas servem para se formar o colar de um Orixá (como as contas sagradas), nem todos os seres humanos nasceram fadados para a prática sacerdotal.

Mensagem:
Para ser um sacerdote de Ifá, são necessários inúmeros atributos morais, intelectuais, procedimentais e vocacionais.

A simples iniciação de um ser profano, desprovido desses atributos básicos e essenciais, não o habilita como um sacerdote legítimo e legitimado.

Da má interpretação e inobservância deste mandamento resulta a grande quantidade de maus sacerdotes que proliferam hoje em dia dentro do culto de Orunmilá.

Observa-se aí a diferença entre "ser babalaô" e "estar babalaô". Aquele que se submete à iniciação visando tão somente o *status* de babalaô jamais será um verdadeiro sacerdote de Orunmilá. "Estará" babalaô, cargo adquirido pela iniciação, mas jamais "será" babalaô, condição imposta por sua vocação, dedicação e desprendimento. Cabe ao sacerdote que procede à iniciação escolher, com muito critério, aqueles que são realmente dignos do sacerdócio.

3º Mandamento
Eles avisaram que não chamassem o *odidé* (papagaio) de forma errada, confundindo-o com o *òòdè* (morcego, como referência às aves noturnas e misteriosas que se nutrem de sangue).

Significado do 3º mandamento:
O sacerdote nunca deve desencaminhar as pessoas dando-lhes maus conselhos e orientações erradas.

Interpretação:
É inadmissível que um sacerdote se utilize do seu poder e do seu conhecimento religioso para, em proveito próprio, induzir ao erro aqueles que o cercam.

Ao agirem desta forma, assumem a postura das aves noturnas que, nas trevas, saciam suas necessidades com o sacrifício e o sangue dos outros. Dar maus conselhos e orientações erradas é expor as pessoas aos perigos de energias maléficas e sem controle.

Mensagem:
Uma das mais importantes funções do sacerdote é orientar seu discípulo, conduzindo-o ao caminho correto, ao encontro do *irê* (bênção, boa sorte), de acordo com os ditames estabelecidos por seu Odu pessoal e seu Orixá de cabeça.

Quem chega aos pés de Orunmilá para consultar seu oráculo em busca de soluções deve ser corretamente orientado pelo sacerdote, independente do interesse deste como olhador.

A pessoa que chega com um problema deve ter seu problema solucionado, e não vê-lo acrescido por outros criados artificialmente com o fito de proporcionar, a quem o consulta, vantagens financeiras ou possibilidade de conquistas e abusos sexuais.

4º Mandamento
Eles avisaram que não dissessem que as folhas sagradas do *iroko* são folhas da árvore *oriro*.
(Tudo deve ser feito de acordo com os ditames e os preceitos religiosos. A simples troca de uma simples folha pode ocasionar consequências maléficas ou tornar sem efeito um grande ebó, da mesma forma que as folhas do arabá (iroko, ceiba) não são iguais às folhas de oriro.)

Significado do 4º mandamento:
O sacerdote não pode, em nenhuma condição, utilizar-se de falsos recursos, fornecendo coisas sem validade religiosa como elementos de segurança ou de culto.

Interpretação:
Os procedimentos litúrgicos devem ser observados integralmente e a ninguém cabe o direito de fazer "isto" por "aquilo" quando é "naquilo" que está a solução.

Mensagem:
Aquele que utiliza meios escusos e enganosos contra seus semelhantes será culpado do crime de abuso de confiança. Usando de artifícios e mentiras contra as pessoas inocentes e de bom coração, o sacerdote provoca o descontentamento de Orunmilá e a consequente ira de Elegbara — e isto não é bom.

Cada entidade espiritual possui um nome individual, de acordo com a determinação de Olodumare. Da mesma forma, cada Exu possui nome e identidade própria, assim como atributos específicos. É inadmissível, portanto, que esta entidade tão sagrada e importante dentro do culto seja assentada e entregue de maneira irresponsável, e que aqueles que a recebem permaneçam ignorantes do seu nome, qualidade, forma de tratamento e especificidade de função.

Orunmilá é aquele que nos olha com amor. Não façamos por onde ele possa nos olhar com desprezo.

5º Mandamento
Eles avisaram que não deveriam mergulhar no rio aqueles que ainda não soubessem nadar.
(O "saber" é fundamental para quem quer "fazer". Para tanto, é necessário o "poder", que só o conhecimento e a iniciação outorgam.)

Significado do 5º mandamento:
O sacerdote não pode proceder liturgias para as quais não seja habilitado através do processo iniciático, ou cujas práticas desconheça ou domine apenas parcialmente.

Interpretação:
O babalaô não deve ostentar uma sabedoria que na verdade não possui. Procurar saber não avilta, mas, pelo contrário, exalta o ser humano.

"Deus não deu ao ignorante o direito de aprender sem antes tomar, de quem sabe, a obrigação de ensinar" (da sabedoria oriental).

Mensagem:
Tudo deve ser feito integralmente e com legitimidade total.
Se houver dúvidas sobre algum procedimento, deve-se pesquisar profundamente sobre ele.

Cabe ao sacerdote ensinar tudo o que sabe àqueles que o cercam e que nele confiam. A sonegação de ensinamentos corretos e completos implica a responsabilidade da prática de suicídio cultural.

Da mesma forma, buscar orientação em quem sabe nada tem de humilhante e enaltece tanto aquele que busca quanto o que fornece a orientação. A verdadeira sabedoria consiste na consciência da própria ignorância. Só os tolos se exibem e sabem tudo!

6º Mandamento
Eles avisaram que fossem humildes e nunca, jamais, agissem com egoísmo.
(Humildade e desprendimento são atributos indispensáveis a um verdadeiro sacerdote.)

Significado do 6º mandamento:
O babalaô não deve ser vaidoso por seus poderes, mas consciente deles.
Não deve agir somente visando o próprio benefício. Ele existe para servir e não para ser servido.

Interpretação:
A vaidade transforma o homem fraco de espírito num pavão que faz questão de exibir sua bela plumagem sem a consciência de que é a sua beleza que, despertando a atenção de terceiros, irá provocar a sua morte.

Em diferentes Odus de Ifá, encontramos itans que falam do exibicionismo do pavão que, ostentando a beleza de sua plumagem, atrai para si a atenção de todos, os quais depois de sacrificá-lo transformam suas penas em belos leques e adornos.

O verdadeiro sacerdote, o eleito de Orunmilá, não se preocupa em exibir seu poder nem o seu saber em disputas vãs e inconsequentes. Acumula em si uma grande carga de sabedoria que transmite com dedicação a quem merece saber.

Mensagem:
O exibicionismo é um dos maiores defeitos num ser humano e inadmissível num sacerdote.
Já dizia o velho jargão: "Num burro carregado de açúcar, até o suor é doce."
É assim que, aos olhos do sábio, parecem os exibicionistas: burros carregando açúcar.

7º Mandamento
Eles avisaram que não entrassem na casa de um Arabá com má intenção.
(As boas intenções devem prevalecer acima de tudo. A casa do Arabá — título daquele que resguarda os segredos da chefatura de Ifá — é o templo onde a iniciação é obtida.)

Significado do 7º mandamento:
A iniciação não pode ser motivada por interesses que não sejam puramente religiosos.

Interpretação:
As verdadeiras intenções do iniciando devem ser cristalinas como a água pura e desprovidas de qualquer outro objetivo que não seja servir à humanidade através de Orunmilá.
Querer iniciar-se no culto por simples vaidade, para obter *status* social ou ostentar títulos sacerdotais, é profanar o sagrado.

Mensagem:
Aquele que profana o sagrado tabernáculo de Ifá, movido por qualquer motivo, pagará com duras penas o sacrilégio praticado.

Ninguém adentra impunemente o Igbodu Ifá.

O conhecimento corresponde a responsabilidades que nem todos estão preparados para assumir. É muito melhor errar por não saber do que saber e persistir no erro.

O conceito mais amplo simboliza a atitude de um predador que esconde suas garras, procurando adquirir a confiança de sua vítima, para ter base de agir no momento mais propício aos seus objetivos.

A mesma responsabilidade assume aquele que inicia pessoas que não possuam os requisitos básicos exigidos para tal, visando, aí, à simples vantagem financeira.

8º Mandamento
Eles avisaram que não deveriam usar as penas "ekodidé" para limparem os seus traseiros.

(A ekodidé — pena do papagaio, odidé — é um dos símbolos mais sagrados dentro do culto e, por este motivo, jamais deverá ser aviltada.)

Significado do 8º mandamento:
Os sagrados fundamentos não podem ser usados com objetivos vãos.

Os tabus devem ser integralmente observados sob pena de severas consequências.

os mandamentos de ifá 113

Interpretação:
O sacerdote deve submeter-se de bom grado às interdições impostas por seu Odu pessoal, assim como aos tabus de seu Olori.
A observância destes ditames está diretamente ligada ao estado de submissão às deidades cultuadas.

Mensagem:
A obediência total às orientações de Ifá conduz o homem à plenitude das bênçãos.
Utilizar-se dos sagrados conhecimentos de forma leviana corresponde a profanar o sagrado.
A figura aqui utilizada representa muito bem tal atitude. "Limpar o traseiro com penas ekodidé" é o mesmo que usar coisas sagradas com objetivos condenáveis e fúteis.
Não se deve utilizar o poder da magia para prejudicar a quem quer que seja.
A prática do mal, invariavelmente, apresenta resultados mais rápidos, mas conduz a caminhos tortuosos que não têm volta.
Da mesma forma, aquele que se utiliza destes poderes visando unicamente a auferir vantagens econômicas, está em desacordo com os sagrados ditames e será responsabilizado por isso.

9º Mandamento
Eles avisaram que não deveriam defecar no epô.
(A sujeira e a falta de higiene são incompatíveis com o rito.)

Significado do 9º mandamento:
Epô, o azeite de dendê, corresponde ao sangue vegetal. Elemento sagrado e indispensável no ritual, há de ser sempre muito puro e limpo.

Interpretação:
Da mesma forma, tudo o mais deve ser limpo: os instrumentos, os ambientes, os assentamentos e, principalmente, as atitudes.
Não se admite, sob nenhuma hipótese, a falta de limpeza e de higiene em qualquer aspecto, seja físico, ambiental ou moral.

Mensagem:
O sacerdote deve ser escrupuloso com tudo. Seus instrumentos litúrgicos, os assentamentos das entidades cultuadas, seus trajes, seu corpo, suas atitudes e seu caráter hão de permanecer, sempre, impecavelmente limpos.

10º Mandamento
Eles avisaram que não deveriam urinar dentro do afó.

Significado do 10º mandamento:
Tudo aquilo que antecede um rito e que a ele faça referência deve ser realizado com limpeza e religiosidade.

Interpretação:
O afó é o local onde se fabrica o azeite de dendê em terra iorubá.
Da mesma forma que o ritual deve ser cercado de cuidados, de limpeza, a confecção das comidas e oferendas deve seguir os mesmos princípios.
Preparar as comidas ritualísticas é também um rito e deve ser realizado em total circunspecção e concentração religiosa.

Mensagem:
Durante a preparação das oferendas e comidas ritualísticas, a atitude de quem dela participa deve ser a mesma de quem participa do ritual em si.

os mandamentos de ifá 115

É inadmissível que, neste momento sagrado, as pessoas estejam consumindo bebidas alcoólicas, falando coisas vulgares, discutindo, brigando ou tentando exibir seus conhecimentos, humilhando quem sabe menos.

A postura será sempre sacerdotal, o silêncio e a concentração devem ser mantidos, e ensinar a quem não sabe, ou a quem sabe menos, é uma obrigação sagrada.

11º Mandamento
Eles avisaram que não se deve retirar a bengala de um cego.
(A bengala de um cego substitui seus olhos e indica os obstáculos que se interpõem em seu caminho.)

Significado do 11º mandamento:
O sacerdote não pode prevalecer-se de sua carga de conhecimento para humilhar ou confundir a ninguém.

Interpretação:
O sacerdote há de ter o mais profundo respeito pelos que sabem menos.
Ninguém tem o direito de descaracterizar o que os outros sabem e acreditam.
Abalar a fé de quem sabe pouco ou nada sabe é retirar a bengala de um cego, deixando-o sem qualquer orientação nas trevas em que caminha.

Mensagem:
Uma das mais importantes missões do sacerdote é ensinar e orientar.
Muitas vezes surgem pessoas que nada sabem e julgam saber.
É neste momento que o sábio aflora no sacerdote e a orientação

correta e o ensinamento certo são passados, com doçura, sutileza e humildade, sem melindrar a quem os recebe e sem provocar confusões em sua cabeça.

Tudo deve ser ensinado com clareza e lógica.

Assim o babalaô, no exercício de seu sacerdócio, assume também a missão de mestre.

12º Mandamento

Eles avisaram que não se retira um bastão de um ancião.

(O bastão do ancião representa o acúmulo de experiências adquiridas nos longos anos em que viveu.)

Significado do 12º mandamento:
Deve-se respeitar e tratar muito bem aos mais velhos, principalmente os mais antigos na religião.

Interpretação:
O respeito aos mais velhos é um dos principais fundamentos de uma religião em que, reconhecidamente, antiguidade é posto.

Faltar-lhes com o devido respeito e atenção é como lhes retirar o bastão em que se apoiam.

Aquele que sabe respeitar, acatar e amar aos seus mais velhos sem dúvida receberá o mesmo tratamento quando também caminhar apoiado no seu próprio bastão.

Mensagem:
Os velhos, pelas experiências vividas, representam verdadeiros mananciais de sabedoria dos quais cada um deve procurar beber um pouco, saciando a sede de saber. São livros sagrados, cujas páginas devem ser lidas com paciência e carinho.

Uma religião que, durante séculos incontáveis, teve seus fundamentos transmitidos oralmente deve valorizar sobremaneira aqueles que são depositários destes conhecimentos.

Um velho, por mais obtuso que possa parecer à primeira vista, sempre terá algo, obtido nos longos anos vividos, a ensinar. Devemos lembrar sempre que, se antiguidade é posto, saber é poder!

13º Mandamento
Eles avisaram que não se deitassem com a esposa de um Ogboni.

Significado do 13º mandamento:
As autoridades devem ser respeitadas integralmente.

Interpretação:
Ogboni é um título que corresponde a juiz ou magistrado. Refere-se sempre a uma pessoa digna de respeito. O Ogboni da sentença representa, genericamente, as autoridades e as leis por elas estabelecidas.

    O Sacerdote, como homem de bem, deverá pautar sua vida de acordo com os ditames das leis dos homens e das sagradas leis de Ifá.

Mensagem:
O homem religioso não pode viver à margem da lei e da sociedade, da qual deve fazer parte como célula importante.
    Pugnar pela obediência às leis é uma das obrigações de um sacerdote que, neste sentido, deve também orientar os seus seguidores.
    Da mesma forma, as leis de Ifá devem ser observadas integralmente e a ninguém cabe o direito de manipulá-las em benefício próprio ou de outrem.

14º Mandamento

Eles avisaram que nunca se deitassem com a esposa de um amigo.
(Não se deve trair um amigo.)

Significado do 14º mandamento:
Os amigos devem ser respeitados e uma amizade não pode ser traída.

Interpretação:
"Deitar com a esposa de um amigo" é a maior injúria que o sacerdote pode praticar contra esta pessoa.

A sentença busca valorizar o sentimento de amizade que deve ser pautado sempre no respeito mútuo e na reciprocidade ética que, em hipótese alguma, podem ser esquecidos.

Mensagem:
"Um amigo vale mais do que um parente". Essa afirmativa da sabedoria popular fundamenta-se no fato de que os parentes nos são impostos pelo destino, ao passo que os amigos nos cabe escolher dentre as inúmeras pessoas que surgem no decorrer de nossas vidas.

Se elegemos de livre e espontânea vontade os nossos amigos, por que traí-los? Por que não dar a eles o mesmo tratamento que gostaríamos que nos dessem?

Conservar as amizades, tratá-las com respeito e carinho é, acima de tudo, uma demonstração de sabedoria.

As amizades devem ser cultuadas e ninguém deve criar animosidade entre amigos, colocando em risco uma relação que pode representar um grande tesouro.

"Mais vale um amigo na praça do que dinheiro no banco."

15º Mandamento
Eles avisaram que não semeassem discórdias falando demais.

Significado do 15º mandamento:
Não se deve usar a religião para motivar a guerra e a separação dos homens.

Interpretação:
A religião tem por finalidade única unir os homens através de Deus.

Não é concebível, portanto, que possa ser utilizada como elemento apartador dos seres humanos.

Até no âmbito de uma mesma religião, pode-se verificar a atuação de pessoas que, de forma nefasta e visando a seus próprios interesses, jogam uns contra os outros, semeando a desconfiança e a discórdia entre sacerdotes, irmãos e adeptos.

Mensagem:
Muitas guerras, incorretamente denominadas "guerras santas", têm feito derramar o sangue de inocentes, enlutando famílias e propagando a dor e o pranto.

A motivação religiosa que as incentiva é, no entanto, uma máscara para o seu motivo real: a obtenção do poder.

O verdadeiro sacerdote deve pugnar pela união dos homens, independente de seu credo religioso.

Deus é um só e todos os homens são seus filhos e, por consequência, irmãos entre si.

Por isso, os sacerdotes de uma mesma religião devem agir dentro de uma ética que os impeça de falarem mal uns dos outros, utilizando-se de meios condenáveis para atrair os seguidores de seus coirmãos.

16º Mandamento

Eles avisaram que nunca faltassem com o respeito ou quisessem deitar-se com a esposa de outro sacerdote. (Todos aqueles que possuem cargos religiosos são importantes e dignos de respeito.)

Significado do 16º mandamento:
Os sacerdotes, independente de funções e hierarquia, devem respeitar-se mutuamente.

Interpretação:
Uma única palavra pode sintetizar o 16º mandamento de Ifá: "Ética".

Mensagem:
A falta de ética entre os sacerdotes de nossa religião muito tem colaborado para o enfraquecimento e a falta de credibilidade pública.

O sacerdote dotado de postura ética religiosa jamais abre a boca para apontar erros e defeitos em seus irmãos. Se os constata, procura corrigi-los de forma sutil e, se possível, despercebida aos olhos alheios, sem alardear aquilo que considera errado.

Muitas pessoas tentam encobrir os próprios erros e esconder a própria incompetência, apontando, de forma espalhafatosa, o erro e a incompetência dos outros. Essa é uma atitude incorreta que só prejudica e impede um maior desenvolvimento da nossa religião no Brasil.

É possível ouvir todas as noites, em programas de rádio produzidos e apresentados por sacerdotes e sacerdotisas do culto aos Orixás, verdadeiros absurdos praticados em nome de nossa religião.

os mandamentos de ifá 121

As pessoas que se ocupam deste tipo de divulgação deveriam refletir um pouco mais sobre sua atuação e os malefícios que ela produz. Não são apenas os alvos de suas críticas na maior parte das vezes exageradas e motivadas por problemas de ordem pessoal mas a religião dos Orixás como um todo que, a cada denúncia feita pelo ar, cai no descrédito e na execração pública. Cada denúncia divulgada publicamente representa uma nova arma para o arsenal dos detratores de nossa religião.

A seleção será feita, naturalmente, por Orunmilá e os Orixás, através da ação de Exu. Só a eles cabe julgar o que é certo e o que é errado. Só a eles cabe separar o joio do trigo.

As 16 condições essenciais para ser um babalaô

1. *Amar, com devoção, a Deus e aos Orixás.* O verdadeiro sacerdote ama a Deus como seu Criador e vê nos Orixás os seus representantes. Na concepção filosófica de nossa religião, o Criador está tão distante do nosso plano de existência que, por nossas próprias limitações, seria inútil desenvolver um culto direcionado diretamente a Ele. Desta forma, é através dos Orixás, seus representantes junto a nós, que podemos cultuá-lo de forma indireta, obtendo assim a sua proteção e demonstrando o nosso amor por ele.

2. *Propagar o nome de Orunmilá.* Orunmilá é a representação individualizada da Sabedoria Divina contida em cada um de nós. Propagar seu nome, seu culto e a sabedoria que ele representa é a missão mais importante de seu corpo sacerdotal. Uma das formas mais corretas de cultuar e agradar Orunmilá é propagar seu nome e sua ciência.

3. Saber ver, em cada coisa e em cada ser, uma manifestação do Criador.
Tudo o que existe no universo são diferentes manifestações da Divindade Suprema. Deus se faz conhecer através da natureza e, por este motivo, o babalaô a respeita em todos os seus aspectos. Os seres humanos são a manifestação por excelência da Divindade que se faz presente em cada um de nós, dividida em miríades de partículas que, através da união dos homens, buscam a Unidade Divina e sua plena manifestação no mundo material.

4. Respeitar as leis divinas e as leis dos homens.
A observância das leis é uma obrigação do babalaô. As leis de Deus vêm gravadas em nossos corações desde o nosso nascimento e nenhuma pessoa de bons princípios admite roubar, matar e atentar de qualquer forma contra estas leis que nos são legadas instintivamente. As leis dos homens buscam apenas regulamentar e decodificar as leis de Deus, criando punições materiais para aqueles que as infringem, embora se saiba que as punições espirituais deverão ocorrer inevitavelmente. O homem de cabeça ruim deixa-se levar pelos maus instintos e, olvidando-se do que lhe foi legado naturalmente como ensinamento, infringe as leis, roubando, matando e desrespeitando de inúmeras formas os seus semelhantes e Mãe Natureza. O sacerdote de Orunmilá, consciente disso, jamais se disporá a infringir os códigos da legislação divina ou humana.

5. Respeitar a todos os seres humanos indiscriminadamente.
Deus está presente em todos os seres humanos em sua partícula denominada *Iporí*. Para o homem, em sua limitação extrema, Deus é uma abstração complexa e, em decorrência dessa limitação, é impossível compreendê-lo ou pelo menos imaginar tanta

grandiosidade. Uma forma bastante simples de amar a Deus é amando ao próximo, como ensinaram os grandes Mestres e Avatares de todas as religiões. O amor pressupõe, antes de tudo, respeito profundo. "Amar é nunca ter que pedir perdão", afirmou um sábio.

O babalaô, possuindo plena consciência deste mistério, fará evidente o seu amor pelo próximo através do respeito que cada ser humano merece, sem que se observe sua classe social, condição econômica, credo religioso ou político.

6. Ser honesto.

A honestidade é a condição primordial de um babalaô. O homem desonesto é indigno de confiança e, por consequência, deve ser apartado do convívio da sociedade. A honestidade não reside apenas na relação com o dinheiro e outros bens materiais, está relacionada, acima de tudo, na transparência daquilo que se faz em todos os níveis. Cobrar por seus serviços é um direito de todos, mas, independente do preço cobrado, o serviço deve ser de boa qualidade, integral e sem mistificações. Não se vende aquilo que não se pode entregar.

7. Ser sábio.

A sabedoria é adquirida na observância e análise de tudo o que existe, ocorre e pode ser imaginado. O sábio não precisa, necessariamente, ser um letrado, mas será sempre um intelectual. Por mais paradoxal que pareça, nem todo intelectual é sábio e mesmo um analfabeto pode ser considerado sábio e, por extensão, intelectual.

Ser sábio é ter o dom de aprofundar-se na relação causa-efeito de tudo o que ocorre. O saber desprovido de sabedoria é como uma arma que pode se virar contra quem a possui.

A lógica será sempre a ferramenta de trabalho do sábio que, com ela, penetrará no âmago do problema em busca da interpretação daquilo que se configura implicitamente, mascarado aos olhos do ser profano.

Os itans ou poemas de Ifá são portadores de orientações codificadas que só os sábios podem compreender e explicar. Uma das funções essenciais do babalaô é interpretar e revelar ao leigo essas orientações.

8. Ser receptivo aos ensinamentos.

A ciência de Ifá é a ciência da vida. Revela os mistérios mais intrincados e ocultos da existência cósmica em todos os seus planos. Conhecê-la é conhecer os mistérios da vida e da morte. Dominá-la é dominar os arcanos da sabedoria. O babalaô deve ter um intelecto desenvolvido o suficiente para absorver e registrar tudo o que a ela diz respeito.

Não é bastante, no entanto, o conhecimento ritualístico mas — e principalmente — o significado do ritual, dos símbolos e de tudo o mais.

A compreensão dos mistérios e a interpretação de suas alegorias são indispensáveis para que o babalaô assuma toda a sua potencialidade sacerdotal.

9. Ser isento de preconceitos de qualquer espécie.

O preconceito, por qualquer forma que se manifeste, é um elemento desagregador.

A função do babalaô é reunir, em torno de Orunmilá e dos Orixás, todos os seres humanos, independente de credo, nacionalidade, raça e condição social. Agir de forma preconceituosa resulta sempre na obstaculização do objetivo final: a união de todos.

as 16 condições essenciais para ser um babalaô 127

10. Saber ser seletivo sem melindrar.
Saber selecionar as pessoas que fazem parte do seu convívio é uma obrigação do babalaô.

A promiscuidade no relacionamento será sempre nociva ao bom desempenho das funções sacerdotais e deve-se ter em mente que "uma maçã podre contamina e apodrece todas as outras dentro do cesto".

No entanto, esta seleção deverá ser feita de forma cuidadosa e diplomática, sem que a susceptibilidade da pessoa indesejável seja ferida, e só deverá ser adotada depois que todos os recursos de recuperação tenham sido esgotados.

11. Possuir moral ilibada.
A moral do babalaô deve ser limpa e exemplar.

Não é digno de crédito, nem pode liderar um grupo religioso, o homem que se entrega ao vício, que se deixa dominar pela preguiça, que explora e abusa de mulheres ou pratica atos que o coloquem à margem da lei dos homens.

É preciso estar atento ao fato de que a corrupção é um dos atos mais imorais que o ser humano pode praticar. Assim sendo, o sacerdote será sempre incorruptível e jamais tentará corromper a quem quer que seja.

12. Falar somente a verdade e lutar por ela.
Para um babalaô, a verdade estará sempre acima de qualquer outra coisa.

As mentiras, mesmo aquelas apelidadas de "mentiras piedosas" sempre acabam descobertas e o resultado é a desmoralização de quem dela fez uso.

"Falar a verdade, somente a verdade", ordena um itan de Ifá do Odu Osá Tura. E o que é a verdade? A verdade é a palavra de Orunmilá atuando sobre a Terra.

13. Conduzir-se com retidão em todos os setores da vida.
O caminho reto é o caminho do bem. O caminho do bem é o caminho do verdadeiro sacerdote.

Aquele que se desvia do caminho reto tende a se perder em sendas que podem, de forma ilusória, parecer fáceis de serem trilhadas, mas que, com o decorrer do tempo, configuram-se como tortuosas e garranchentas, impossíveis de serem trilhadas com dignidade.

O caminho errado, como determina o 8º Mandamento de Ifá, não oferece a possibilidade de retorno, é caminho sem volta.

14. Saber guardar segredo daquilo que é segredo.
O segredo é revelado ao iniciado e somente ele pode conhecê-lo.

Revelar segredos da religião corresponde a sacrilégio, a quebra de tabu. Mas nem tudo é segredo, nem tudo deve permanecer oculto do vulgo. Ao contrário, muitas coisas devem ser reveladas ao não iniciado, para melhor compreensão da nossa religião e também como artefato de defesa contra a ação dos falsos sacerdotes.

15. Saber manter a calma e o equilíbrio.
O babalaô não pode, em nenhuma circunstância, perder a calma e o controle sobre si mesmo ou sobre a situação.

Ao lidar com espíritos de diversas qualidades e hierarquias, poderá ser surpreendido por coisas assustadoras, ameaçadoras. Ainda assim, deverá manter-se calmo e dominar a situação e, para isso, possui meios e recursos que adquire na prática e na teoria. Mesmo em situações do quotidiano, a sua calma deverá ser mantida e as emoções, controladas.

as 16 condições essenciais para ser um babalaô

16. Ser "homem" no sentido total e mais amplo do termo.

A expressão "ser homem" tem um significado muito mais profundo do que pode parecer numa observação apenas superficial.

"Ser homem" é possuir todas as qualidades esperadas num ser humano do sexo masculino, admitindo-se aí os pequenos defeitos inerentes à natureza humana.

"Ser homem" é saber respeitar a mulher como representante do poder de procriar que garante a perpetuação da espécie humana e reconhecer, na sua aparente fraqueza, a força de que é portadora, em tudo superior ao sexo masculino.

"Ser homem" é, antes de tudo, saber respeitar a natureza como um todo e cada ser humano em particular.

"Ser homem" é saber agir dentro de todos os ditames anteriormente descritos, sem que com isso tenha que se violentar.

Aguere Ifá.

Saudação a Orunmilá

Orunmila! Eleri Ipin,
Ibikeji Olodumare;
A-je-ju-Oogun,
Obiriti, A-p'ijo-iku-da.
Oluwa mi, A-to-i-ba-j'aye,
Oro a-bi-ku-j'igbo;
Oluwa mi, Ajiki,
Ogege a-gb'aye-gun;
Odudu ti ndu ori emere;
A-tun-ori-ti-ko sunwon se,
A-mo-i-ku.
Olowa Aiyere,
Agiri Ile-Ilogbon;
Oluwa mi: amoimotan,
A ko mo O tan ko se,
A ba mo O tan iba se ke.

Orunmilá! Testemunha do destino,
Segundo depois de Olodumare;
Vós sois muito mais eficaz do que os remédios,
Vós, a Imensa Ação que desvia o dia da morte.
Meu Senhor, Onipotente para salvar,
Misterioso Espírito que combate a morte;
A Vossa saudação é a primeira obrigação na manhã,
Vós, o Equilíbrio que ajusta as Forças do Mundo;
Vós sois Aquele cujo esforço é para reconstruir a criatura de mau destino;

Reparador da má sorte,
Aquele que Vos conhece torna-se imortal.
Senhor, o rei Indestituível,
Perfeito na Morada da Sabedoria;
Meu Senhor! Infinito em Conhecimento!
Por não Vos conhecer em profundidade, nós somos fúteis,
Oh, se nós pudéssemos conhecer-Vos em profundidade, tudo estaria bem conosco.

PARTE 2

O conhecimento é útil, mas não constitui sabedoria.
(Dopamu)

O sistema de adivinhação

Como vimos nas páginas precedentes, Orunmilá é o Deus da Sabedoria e o Senhor e Patrono do Oráculo de Ifá, sendo este um dos seus mais importantes atributos.

O Oráculo de Ifá compreende três métodos de adivinhação. Dois deles, o jogo de ikins e a corrente ou rosário opelé, são de uso exclusivo dos babalaôs, homens iniciados no culto de Orunmilá.

O terceiro método — e o mais simples de todos — é o popular jogo de búzios, chamado também merindinlogun ou erindinlogun, sobre o qual discorremos em outro trabalho. Ele pode ser utilizado por qualquer pessoa pertencente ao culto de Orixás ou a qualquer outra vertente de cultos afrodescendentes, sem precisar, para isto, ser iniciada no culto de Orunmilá.

Outros métodos, como o jogo de obis, não seriam exatamente sistemas de adivinhação completos, e sim pequenos recursos de apoio, através dos quais, no decorrer de um procedimento litúrgico de qualquer ordem, a entidade preceituada pode ser consultada única e exclusivamente sobre o que se está fazendo.

O Jogo de Ikins ou Grande Jogo

O Jogo de Ikins, também chamado de "O Grande Jogo", está hierarquicamente, acima dos outros métodos de adivinhação em Ifá.

Acredita-se que é o próprio Orunmilá quem "fala" através dos ikins que, ao mesmo tempo, são a sua representação material, o seu axé e a sua presença sobre a terra.

Os ikins

Os ikins são compostos de sementes do fruto da árvore conhecida como dendezeiro no Brasil, cientificamente classifica como *Elaeis guineensis*, e chamada, em iorubá, de *igi ope* (iguí opê), ou simplesmente *opê*. Dalziel, citado por Bascom (1980, p. 26), relaciona de forma distinta a variedade botânica a que ele chama de *Elaeis guineensis* var. *idolatrica*, conhecida como palma-real, palma-juju, palma-tabu e palmeira-do-fetiche.

Verger classifica e dá nomes diferentes a duas espécies deste vegetal, e é possível encontrar em sua obra as seguintes denominações para a *Elaeis guineensis communis*: *Pánkóró*,

Ipánkóró, Opé arùnfó, Opé èrùwà, Opé alárún, Opé òrùwà e *Opé eléran*. Para a outra espécie, que classifica como *Elaeis guineensis idolatrica*, apresenta os seguintes nomes em iorubá: *Opé, Opé Ifá, Opé olifá, Opé kin, Opé ikin, Opé yálayàla, Opé peku pe ye, Opé kannakanná* e *Opé téméré erékè adó*.

O fruto do dendezeiro, em iorubá *eyin* ou *idi eyin*, é de formato oval e possui um pericarpo vermelho alaranjado do qual é obtido o azeite de dendê ou óleo de palma. Conhecido pelos iorubás como epô ou, mais precisamente, *epô pupa* (azeite vermelho), é um dos principais produtos agrícolas da Nigéria.

São as sementes dessa fruta, denominadas *ekuro* em iorubá, que irão compor o mais importante emblema de Ifá, elas são limpas, desprovidas de todo e qualquer vestígio de seu invólucro natural. Depois de lavadas em soluções de folhas litúrgicas de Orunmilá e consagradas por intermédio de sacrifícios, louvações e oferendas apropriadas, então, recebem a denominação de *ikin*.

> As folhas litúrgicas de Orunmilá usadas na lavagem dos ikins são, segundo Verger (1995): *ewé òórá* (*Rauwolfia vomitoria*, Apocinácea, fruta-de-aura); *ewé amúwàguún* (*Acalipha ornata*, Euforbiácea, rabo-de-gato); *ewé túnpèmú* (não identificada); *ewé àlùgbónròn* (*Trisclisia subcordata*, Menispermácea, carrapeta); *ewé òdúndún* (*Kalanchoe crenata*, Crassulácea, folha-da--costa); *ewé rinrin* (*Peperomia pelucida*, Piperáceas, jabuti--membeca); *ewé tètè* (*Amarantus hibridus*, Amarantácea, cauda-de-raposa) e *ewé alukèrèsé* (*Ipomoea involucrata*, Convolvulácea, jalapa-de-purga).
> Uma outra informação, originária de Cuba (OBA, 1993), fornece a seguinte listagem: *álamo, afomam, albahaca, algodon, almendra, amansa-guapo, bledo-blanco, caimito, caoba, calabazo, cedro, ceiba, cordoban, cucaracha, flagoyan, guayaba, papaya, paraíso, peopio, plátano, prodigiosa, siguaraya, vervena, yagruma, yerba-buena, yerba-fina, bledo-rojo, flor de marmol, hoja de purificacion, ewé gbegi, ewé egidimogbein, ewé oriji, ewé epoya, ewé ominio, mariwo, peônia, omu, jemijoko, ewé elukere-*

o jogo de ikins ou grande jogo 139

se, ewé ita, ewé ade, ewé okika, ewé apase, ewé alugbirin (canutillo), ewé olojongbolu, ewé eti ologbo, ewé ibaigbo, peregun, abamoda, ewé oriyi, ewé okika iyeye, ewé lara, hierba de la bruja, ewé jemijoki, ewé funfun e *ewé Ifá (almendro)*. Observe-se que muitas das folhas constantes desta relação estão repetidas.

Somente os ikins providos de quatro "olhos" ou mais podem ser utilizados ritualisticamente, o que diminui de forma substancial a possibilidade de obtenção de sementes apropriadas, já que o comum são as sementes com três olhos.

Ikins de quatro olhos

J. Johnson, citado por Bascom (1985, p. 27), afirma que Ifá é representado por nozes de palma providas de quatro olhos ou mais, e que existe um tipo especial de palmeira conhecida como *Opè-Ifa* ou palmeira-de-ifá, que produz somente nozes com esta característica.

Talvez pelo fato de serem muitíssimo raras as nozes de mais de três olhos, alguns babalaôs apregoam que pelo menos oito das dezesseis usadas na adivinhação devem possuir quatro olhos, enquanto outros afirmam que todas elas devem, obrigatoriamente, possuir quatro olhos ou mais.

As sementes, depois de limpas e consagradas, adquirem uma aparência brilhante e tornam-se inteiramente negras. Entretanto, possuímos nozes de dendezeiro brancas que nos foram presenteadas por um babalaô da escola cubana.

Alguns babalaôs possuem diversos conjuntos de ikins que adquirem junto com o que denominam "mãos de Ifá" (*owo Ifá*), à medida que obtêm maior importância dentro do âmbito de adivinhação. Um velho ditado existente entre eles ensina que "um babalaô é tão importante quanto maior seja o número de ikins que possua".

Independente de quantas mãos de Ifá ou ikins tenha o babalaô, apenas 16 serão usados numa consulta ao oráculo. Aqueles que ficam fora do jogo são chamados *adelé*, nome que pode ser traduzido como: "o que fica guardado em casa" (*a-de-ile*).

Conjunto de ikins (*adele Ifá*)

Existe controvérsia no que concerne à quantidade de ikins que compõe cada mão de Ifá.

o jogo de ikins ou grande jogo 141

Em Cuba, os iniciados denominados awofakans, ou seja, os que possuem apenas a primeira mão de Ifá, recebem com o Ifá um conjunto de 19 ikins, embora existam outros grupos que consideram o número de 18 ikins o mais correto e apropriado, apoiados em orientações contidas no Odu Owónrin Meji. Segundo Maupoil (1988), o número seis está perfeitamente representado nele. Cada um dos três pontos de seus dois triângulos representa seis nozes de Ifá, e as 18 nozes totais formam uma mão de Ifá, de modo que se pode contá-las — Ború, Boyá, Boxê — uma vez em cada triângulo e uma vez em cada lado deles.

A chamada "primeira mão" não pode ser utilizada para consultas ao oráculo, servindo apenas como objeto de culto particular, e representa o Ifá pessoal do awofakan. A informação que possuímos sobre a utilização da primeira mão dada ao awofakan é de que ela só será utilizada, como elemento de adivinhação, depois de sua morte, por ocasião do cerimonial fúnebre. A comunicação com seu espírito desencarnado deverá ser feita através de sua primeira mão de Ifá, que, depois, precisa ser enterrada junto com o seu corpo.

Numa descrição bastante confusa de autoria de um sacerdote cubano (OBA, 1993, p. 171), encontramos a informação de que a mão de Ifá se compõe, na verdade, de 36 ikins. Segundo ele, a cerimônia de entrega de ikins se repete até que o awofakan tenha um total de 36 ikins, que constituem o fundamento de Orunmilá. Destes, 32 correspondem ao Orixá, e os outros quatro são os "ikins auxiliares". É bem provável que a referência seja a duas mãos de 18 ikins, o que daria um total de 36 sementes.

Alapini (1953), referindo-se ao tema, afirma que a mão é formada por 18 sementes guardadas em uma pequena cabaça.

Sejam quantos forem os ikins que compuserem cada mão de Ifá, na hora de proceder à adivinhação o babalaô separa 16, e é com eles que Orunmilá é consultado.

Durante a adivinhação, os ikins selecionados são colocados na palma da mão esquerda do sacerdote que, com a direita e de um só golpe, tenta pegar o maior número possível de sementes. Assim, das 16, restam apenas uma ou duas na mão em que se encontravam.

De acordo com o número de ikins que sobrarem, o adivinho marcará, com os dedos da mão direita, um sinal simples ou duplo sobre o seu tabuleiro divinatório (*opon*) revestido pelo pó *iyerosun*.

Se na sua mão esquerda sobrar uma única semente, o sinal a ser marcado no iyerosun é duplo, ou seja, dois traços verticais paralelos (I I); se sobrarem dois ikins, o sinal a ser marcado será composto de um único traço (I).

Se numa tentativa sobrarem três ou mais ikins, ou se nenhum deles restar na mão do adivinho, a jogada é considerada nula e outras tentativas serão feitas até que tenham sido impressas, sobre o opon, duas colunas paralelas compostas, cada uma, de quatro sinais duplos ou simples.

Os sinais obtidos são marcados da direita para a esquerda e de cima para baixo, obedecendo à seguinte ordem:

Coluna da esquerda	Coluna da direita
2ª marcação	1ª marcação
4ª marcação	3ª marcação
6ª marcação	5ª marcação
8ª marcação	7ª marcação

Assim, se quisermos simular um jogo descrevendo a sequência de tentativas bem ou mal sucedidas de se marcar um sinal, teremos o seguinte:

o jogo de ikins ou grande jogo 143

Na primeira tentativa restou um só ikin, motivo pelo qual será marcado um sinal duplo na posição correspondente à primeira jogada (I I).

Na segunda tentativa sobraram dois ikins, o sinal será simples (I) na posição da segunda jogada.

Na terceira tentativa sobraram quatro ikins. A jogada é nula.

Na quarta sobraram dois ikins, um sinal simples (I) é marcado na posição correspondente à terceira jogada.

E assim consecutivamente obtemos uma sequência de sinais duplos ou simples que irão formar a figura de um Odu de Ifá.

Tentaremos demonstrar, no esquema a seguir, a sequência de jogadas e marcações até a obtenção de uma figura oracular completa. Para facilitar a explicação, consideramos que todas as tentativas foram bem-sucedidas.

2ª mão — sobram 2 ikins — marcação: I
4ª mão — sobra 1 ikin — marcação: I I
6ª mão — sobra 1 ikin — marcação: I I
8ª mão — sobram 2 ikins — marcação: I

1ª mão — sobram 2 ikins — marcação: I
3ª mão — sobram 2 ikins — marcação: I
5ª mão — sobram 2 ikins — marcação: I
7ª mão — sobram 2 ikins — marcação: I

A figura obtida foi a seguinte:

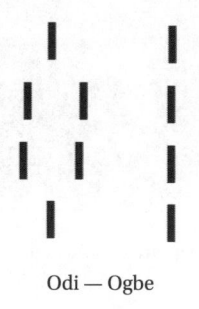

```
  I      I
I   I    I
I   I    I
  I      I
```

Odi — Ogbe

Como a leitura é feita da direita para a esquerda, a figura obtida é *Ogbedi*, que resulta do encontro dos Odus *Ogbe* e *Odi*.

Oponifá, o tabuleiro divinatório

Um dos mais importantes instrumentos que integram o conjunto de apetrechos utilizados nas adivinhações em Ifá é o tabuleiro divinatório denominado, em iorubá, *oponifá* ou *opon Ifá*.

Este instrumento se constitui de uma prancha de madeira artisticamente entalhada nas bordas, que devem ser sempre mais altas que a superfície interna da bandeja, e nas quais se podem encontrar diferentes desenhos dos mais variados motivos.

Oponifá retangular.

Animais como serpentes, tartarugas, leopardos, elefantes e outros, além de elaboradas composições geométricas, enfeitam os oponifás de tal forma que alguns deles podem ser considerados verdadeiras obras de arte.

Existem oponifás de diferentes formatos, ovais, retangulares etc., mas o mais usado é o de forma circular. Não importa o tipo de entalhes decorativos de suas bordas, eles apresentam, como ponto comum, um rosto humano estilizado, representando Exu — o mensageiro de Ifá e de todas as outras divindades. Existem oponifás com duas ou até quatro faces de Exu dispostas em relação aos quatro pontos cardeais.

A face de Exu entalhada no opon deverá estar sempre posicionada de frente para o adivinho, determinando, assim, a parte superior da bandeja.

Oponifá redondo, vendo-se a posição da face de Exu.

Maupoil (1988, p. 697, fig. B) mostra em seu livro a foto de um opon retangular, exposto no *Musèe de l'Homme*, por ele identificado como *Fate de Gedegbe*, decorado com 16 carinhas representativas de Exu.

O opon é utilizado somente para adivinhações feitas com os ikins, ou para procedimentos em que seja exigida a marcação de Odus sobre sua superfície — ação denominada *atefá*. Nem mesmo nas consultas realizadas com a utilização do opelé é admissível o uso do oponifá, mas, apesar disso, no Brasil, até os búzios são jogados dentro deles.

Os opons são sempre feitos de madeira. Um africano informou, inclusive, que os melhores opons são aqueles confeccionados com pranchas extraídas das imensas raízes do baobá. Essa informação, no entanto, carece de qualquer confirmação mais sólida.

Bascom (1980, p. 34) cita a existência de um opon esculpido em quartzo em Ifé, que teria sido usado pelo próprio Ifá quando de sua passagem por aquela cidade.

Os babalaôs cubanos usam com acerto o oponifá que, naquele país, apresentam características diferentes dos seus similares africanos. Os tabuleiros de Ifá usados em Cuba possuem, em suas bordas, figuras que trazem nítidos vestígios da influência do catolicismo. Nesses tabuleiros, quase que padronizados, podem-se encontrar as figuras do Sol, da Lua, do planeta Terra, de uma cruz ou de um crânio humano sobre duas tíbias cruzadas, cada uma delas direcionada para um dos quatro pontos cardeais. A face de Exu, obrigatoriamente presente nos oponifás africanos, não existe nos tabuleiros dos babalaôs cubanos.

Mas tanto na África quanto em Cuba, nos procedimentos oraculares ou litúrgicos em que tenha que usar o opon, o babalaô espalha sobre ele uma camada de um pó amarelado denominado iyerosun, sobre o qual as configurações indiciais dos signos de Ifá são impressas. A ação de marcar a figura de um Odu no iyerosun espalhado sobre o oponifá chama-se *atefá* ou *até Ifá*. Este termo é utilizado e reconhecido por todas as escolas africanas e cubanas e deriva do verbo *te*, que em iorubá significa *imprimir*.

Iyerosun, o pó da adivinhação

O pó produzido pela ação das térmitas sobre a madeira da árvore *osun* (*Baphia nitida*) é o mais usado pelos babalaôs africanos para a impressão das figuras dos Odus de Ifá sobre o opon. O nome *iyerosun* resulta do acoplamento das palavras *iye* (pó) e *osun* (nome da árvore que o produz) significando, portanto, "pó ou serragem da árvore osun".

Oponifá revestido com uma camada de iyerosun.

Apesar disto, outros elementos podem ser usados como pó divinatório, tais como o pó da madeira do tronco do dendezeiro, a farinha fina do inhame (*elubo*), a farinha de milho, o pó do efun, o pó de bambu e ainda, numa reminiscência da origem do oráculo, areia bem fina.

Segundo um dos nossos informantes, os babalaôs africanos costumam ter vários pedaços de madeira da árvore osun armazenados e entregues à ação dos cupins. De tempos em tempos, remexem as peças de madeira e, batendo-as contra o solo, recolhem o pó produzido pelos insetos.

Em Cuba, o pó divinatório é composto por vários ingredientes que são misturados e utilizados como pó de Ifá (*iyerofá*). Folhas, certos animais defumados e até, em alguns casos, insetos são, depois de secos e transformados em pó, misturados e consagrados com rituais sobre o oponifá. As receitas variam de acordo com o Odu de cada babalaô, embora existam elementos comuns a todos eles.

O pó iyerosun não é usado somente para marcar os Odus no oponifá durante as consultas. Em diversos procedimentos, serve de veículo para "dar caminho" a um ebó ou transforma-se em catalisador de energias boas ou más para uso específico.

Na adivinhação pelos ikins, depois de no mínimo oito "batidas de ikin", o babalaô faz as marcas correspondentes a cada uma delas, como vemos no exemplo a seguir:

1ª. Sobraram dois ikins — sinal simples na coluna da direita   I
2ª. Sobrou um ikin — sinal duplo na coluna da esquerda   I I
3ª. Sobrou um ikin — sinal duplo na coluna da direita   I I
4ª. Sobraram dois ikins — sinal simples na coluna da esquerda   I
5ª. Sobrou um ikin — sinal duplo na coluna da direita   I I

o jogo de ikins ou grande jogo 149

6ª. Sobraram dois ikins — sinal simples na coluna da esquerda   I
7ª. Sobrou um ikin — sinal duplo na coluna da direita   I I
8ª. Sobraram dois ikins — sinal simples na coluna da esquerda   I

No fim da marcação o Odu encontrado foi *Obarasá*:

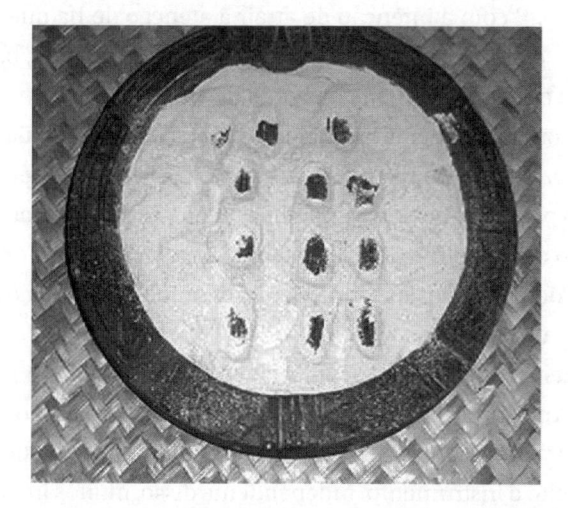

Odu Obarasá (Osa e Obara) marcado no iyerosun sobre o oponifá.

Uma vez marcado o Odu no iyerosun sobre o opon, o babalaô procede às rezas, encantações e saudações apropriadas e, para isso, conta com o auxílio indispensável do seu *irofá* — o sino ou bastão de Ifá.

Irofá, a sineta da adivinhação

O irofá é um dos mais importantes instrumentos utilizados pelos sacerdotes de Ifá em procedimentos litúrgicos ou na adivinhação com os ikins. Sempre que os Odus forem, por qualquer motivo, impressos no irosun sobre o opon, o irofá será obrigatoriamente usado.

Como se sabe, nestes procedimentos as figuras são reveladas por Orunmilá pessoalmente. Logo que elas são marcadas no opon, ele passa a controlá-las até que sejam dispensadas pelo adivinho. É com a intenção de atrair a atenção de Ifá que o sacerdote, de forma muito respeitosa, irá agitar o seu irofá, batendo com ele ritmadamente na borda do tabuleiro.

Em iorubá, *iro* significa *sino* e *irofá* seria *sino de Ifá*. Bascom (1980, p. 36) cita outros nomes usados em diferentes regiões da Nigéria para designar o mesmo instrumento. Assim, o termo *irofá* é usado em Ifé; em Ibadan e Oyó usa-se *iroke*; *orunfá* e *orunke* são os nomes dados ao sino em Meko, sendo os termos *irofá* e *iroke* os mais usados.

A maioria dos irofás é confeccionada em madeira e possui uma forma cônica, com uma cavidade na parte mais larga, em que, por vezes, é introduzido um badalo do mesmo material de que é feito o instrumento. Independente disso, muitos irofás são desprovidos de badalos, embora possuam, como os outros, a "boca" de um sino.

No corpo da peça, na parte externa, são entalhadas figuras que podem representar cabeças humanas ou animais das mais variadas espécies.

Existem irofás entalhados em ossos ou em chifres de animais os mais diversos, porém os mais valiosos e disputados são aqueles confeccionados com presas de elefante. Os irofás de marfim dão, a quem os possui, certo *status* de riqueza.

Os babalaôs cubanos costumam usar, à guisa de irofá, chifres de veado, embora alguns deles já utilizem os tradicionais irofás em forma de sino, entalhados na madeira ou no marfim.

o jogo de ikins ou grande jogo   151

Irofás ou irokes.

O irofá e seu uso nascem e estão fundamentados no Odu Ogbe Okanran, omó Odu resultante da interação de Ogbe com Okanran. Em um dos itans do referido Odu, fica explicado o motivo pelo qual os caçadores de elefante devem retirar o tecido branco que envolve os intestinos de cada animal abatido (*ala*) e oferecê-lo ao babalaô.

Um itan do Odu Irete Meji (ALAPINI, 1953) conta como Ifá revelou os nomes dos 16 Odu-Meji com a ajuda do irofá.

> Esta é a história da criança gerada por *Ajé*, mulher de *Metonlonfin*, chefe de todos os feiticeiros.
> Em seu nascimento, esta criança, prometida por Olofin aos homens para servir de intermediador entre eles, recebeu o nome de *Fá Aydégun*.
> Logo depois de haver nascido, apesar da missão a que fora destinado, Fá Aydégun permanecia presa de um mutismo inexplicável, o que deixava seu pai muitíssimo irritado. Por

mais que se insistisse, o menino limitava-se a chorar, sem emitir uma só palavra.

Certo dia, já bastante irritado pelo enigmático mutismo da criança, Metonlonfin deu-lhe uma pancada com um pedaço de marfim entalhado que portava no momento, e o menino, interrompendo seu pranto permanente, gritou em alta voz: *Ogbe*.

Admirado, Metonlonfin golpeou-o novamente, e o menino gritou a palavra *Oyeku*. A um terceiro golpe, foi dito *Iworí* e, recebendo golpes consecutivos, o menino foi falando: *Odi, Irosun, Owónrin, Obara, Okanran, Ogunda, Osá, Iká, Oturukpon, Otura, Irete, Oxe* e *Ofun*.

Depois de pronunciados esses 16 nomes, o pai parou de bater no menino, que então lhe disse:

— Pai, as palavras que me ouvistes pronunciar são os nomes de meus 16 filhos espirituais. Eu não posso anunciar mais que um deles por cada golpe recebido, por conseguinte, não poderia manter uma conversação sem receber consecutivos golpes de teu bastão, ao qual darei o nome de *irofá*. Assim sendo, quanto mais tempo me baterem com o irofá, mais tempo manterei contato com os homens. Devo revelar, agora, os segredos de cada um dos meus 16 filhos; de posse destes segredos, qualquer ser humano poderá aliviar seus sofrimentos, amenizar suas vicissitudes.

Um dia, Fá Aydégun, após revelar seus segredos a seu pai, transformou-se numa palmeira e por isto é, até hoje, representado pelos negros caroços desta palmeira.

É por este motivo que os adivinhos, para invocarem os filhos espirituais de Ifá — os Odus —, batem em seus tabuleiros com os seus irofás, pois só desta forma Ifá estabelece conversa com eles.

Opelé, o rosário divinatório

Alguns dos instrumentos divinatórios anteriormente descritos são utilizados apenas em ocasiões muito especiais, em rituais de iniciação ou em rituais fúnebres, e não devem nem podem ser usados em consultas simples, nas quais se buscam orientações para problemas do quotidiano.

Os ikins representam o próprio Orunmilá, são o seu axé e sua manifestação material. Através deles é o próprio Orunmilá quem "fala", motivo pelo qual seria um sacrilégio utilizá-los em futilidades relacionadas ao dia a dia de cada um e às vicissitudes que nos estão reservadas em nossa trajetória de vida.

Para as consultas banais, por mais sérios que sejam os problemas a que se refiram, os sacerdotes de Ifá dispõem de outro método de adivinhação, considerado mais ágil e tão eficiente quanto o jogo de ikins. Este método, denominado *jogo de opelé*, dispensa o uso do oponifá e do iyerosun, embora exija a utilização do irofá.

As figuras de Odu surgidas numa consulta com o opelé podem ser traçadas numa folha de papel ou simplesmente memorizadas pelo adivinho.

A corrente ou rosário "opelé" tem a fama de "falar" mais que os ikins, mas, independente disso, é considerada hierarquicamente inferior, uma vez que a adivinhação com as nozes de palma são usadas somente em situações especialíssimas. Alguns diferentes nomes são encontrados para este instrumento, sendo que o mais usado é opelé. Os fon o chamam de *ogumaga*, *agumaga* ou simplesmente *gumagan*. Segundo Johnson, citado por Bascom (1985, p. 29), outro nome usado em Ifé para denominar o rosário de Ifá é *opepere*, embora este nome não seja encontrado em Meko onde, por provável influência dos fon, o nome dado ao rosário de Ifá é *ogumaga*.

O opelé

O rosário opelé é confeccionado com uma corrente na qual se prendem oito peças de formato oval que apresentem o mesmo tamanho e possuam um lado côncavo e o outro convexo.

Estas peças devem guardar entre si a mesma distância, com exceção das duas colocadas no meio da corrente, ou seja, a quarta e a quinta peças, que deverão manter, entre si, uma distância um pouco maior do que a existente entre as outras.

Esta diferença é explicada pelo fato de ser neste ponto, no meio exato da corrente, que o adivinho irá segurá-la na hora do "lançamento" exigido pelo jogo.

Nas extremidades dos rosários são colocados espécies de "rabichos" contendo búzios, contas, botões ou guizos. Estes "rabichos" não têm função apenas decorativa, servindo para distinguir a perna macho da perna fêmea do rosário. Por esse motivo, nunca possuem a mesma quantidade de pontas, que devem ser uma em número par e outra em número ímpar.

opelé, o rosário divinatório 155

Opelé de favas de marfim presas com correntes.

Um babalaô pode possuir quantos opelés quiser e do material que julgar mais conveniente.

Vários objetos de diferentes materiais, como conchas, sementes, cascas de coco, peças entalhadas em marfim, em madeira ou em diferentes metais, cascos de tartaruga, pedaços de cabaças etc., podem ser usados na confecção de um opelé Ifá, mas o mais comum e fundamentalmente aceito é a semente da árvore denominada em iorubá *igí opele* (árvore do opelé), identificada cientificamente como *Schrebera arborea*, da família das Oleáceas.

Favas da árvore *Schrebera arborea*.

Um informante nos garantiu que as sementes ideais desta árvore, para a confecção de um opelé, seriam aquelas recolhidas das fezes do elefante, já digeridas e, portanto, desprovidas de seu invólucro natural. Independente disso, segundo o mesmo informante, as sementes dos frutos colhidos diretamente da árvore podem ser usadas para o mesmo fim.

Opelé de favas de *igí opele* presas por fios de miçangas.

Outra semente também muito usada nos opelés é a da manga africana (*Irvingia gabonensis*), cujos caroços são cortados ao meio no sentido longitudinal para adquirirem o formato ideal exigido na confecção de um opelé.

Bascom (1985, p. 29) nos informa ainda que Epega cita o uso de uma fruta não identificada, chamada *apuraga*, e Frobenius descreve um opelé feito com metades de nozes de *lma*.

Em Cuba, o material mais usado na confecção do opelé é a casca do coco. Pedaços de casca deste fruto, de tamanhos idênticos, são cortados e polidos, e sua parte interna é pintada de branco, o que facilita a diferenciação do lado interior ou exterior.

opelé, o rosário divinatório   157

A manipulação dos opelés de casca de coco é bastante facilitada por sua leveza, o que agiliza sobremaneira a consulta oracular.

Opelé de cascas de coco.

Os opelés, assim como todos os componentes do instrumental oracular, passam por um processo de sacralização, ou seja, têm que receber sacrifícios específicos antes de serem usados. Eventualmente é exigido que o sacerdote "dê comida" ao seu opelé, o que acontece, invariavelmente, por ocasião do Festival de Ifá.

Na África, as peças que compõem a parafernália oracular, entre elas o opelé Ifá, são guardadas e transportadas numa bolsa apropriada e feita para este fim exclusivo, o *apo* ou *apo-Ifá*.

O apo-Ifá é uma bolsa ornamentada e ricamente bordada com contas e búzios, representando figuras decorativas das mais variadas formas.

É no interior dessa bolsa que o babalaô transporta seus ikins, o irofá, o opelé, uma grande quantidade de búzios, pedras, cacos de peças de cerâmica ou de porcelana, conchas diversas, vértebras e crânios de pequenos animais, que formam o conjunto de "abiras" utilizados na técnica de "amarração de íbos" — assunto que será abordado mais adiante.

Embora as nozes de palma (ikins) possam ser transportadas nesta mesma bolsa, existe outro recipiente mais apropriado para esta finalidade. Os ikins, por serem considerados a representação material do próprio Orunmilá, são guardados em recipientes especiais de madeira denominados *agere Ifá* (pronuncia-se aguerê).

Outros nomes são dados a este recipiente, variando de uma região para outra. Assim, pode ser chamado também de *ajere Ifá*, *oguere Ifá* ou ainda *ajele Ifá*. Os cubanos o chamam também de *igbá Orunmilá* ou *igbá Ifá*.

Os aguerês, entalhados em madeira, geralmente configuram-se verdadeiras obras de arte. Os motivos neles esculpidos representam as mais diversas figuras, desde animais de todas as espécies até imagens humanas representando Orunmilá, Exu e outras divindades do panteão nagô.

Algumas peças mais simples são compostas de pratos de madeira emborcados, cabaças divididas ao meio, ou ainda tigelas de louça ou de barro com tampa.

É comum utilizar-se, para este fim, espécies de sopeiras de madeira com tampa, decoradas externamente com búzios, contas, palha da costa etc., não havendo um padrão para tal — o que dá a cada um o direito de usar o seu gosto e a sua imaginação.

Outro relicário similar, menos elaborado, é chamado *opon igede* (opon iguedé) e compõe-se de duas gamelas grandes emborcadas, no interior das quais ficam os ikins, além das outras peças que compõem, no conjunto, o assentamento de Orunmilá.

opelé, o rosário divinatório 159

Em geral, na gamela que fica por cima, à guisa de tampa, algumas figuras menos elaboradas que aquelas existentes no aguerê são também entalhadas como decoração.

Nas consultas com o rosário opelé, como vimos, é dispensado o uso do opon e do yerosun, e os Odus encontrados são marcados em folhas de papel ou simplesmente memorizados pelo olhador.

A "leitura" da caída do opelé é mais simples e mais rápida do que a forma anteriormente descrita de se obter um Odu com auxílio dos ikins.

O ato de consultar com o opelé é chamado de *dapelê* (*da opele*), para diferençar da consulta com os ikins (*dakin*).

Na consulta, depois das evocações de praxe, o babalaô lança a corrente numa esteira estendida à sua frente, usando para isto, a seguinte técnica:

A. A corrente é segurada pelo meio, de forma que uma "perna" contendo quatro favas fique pendendo para a direita e outra para a esquerda.
B. O adivinho agita a corrente e toca algumas vezes com suas pontas sobre a superfície da esteira para fazer com que as favas girem em torno de seu eixo.
C. Num movimento rápido, a corrente é lançada sobre a esteira, de maneira que as duas extremidades fiquem voltadas para o babalaô. Nesta caída, a corrente forma uma espécie de "U" invertido em relação ao sacerdote.
D. Cada uma das favas que compõem a corrente revelará, de acordo com a posição em que tiver caído (lado côncavo ou convexo para cima), um sinal que será marcado numa folha de papel ou memorizado pelo adivinho.

E. Ao lado côncavo da fava corresponde um sinal simples e ao convexo, um sinal duplo.

F. Um único lançamento do opelé fornece um Odu completo, que tanto pode ser um Odu Meji como um dos 240 Omó-Odu.

Imaginemos então uma caída de dapelê em que as favas do opelé se encontrem posicionadas da seguinte forma:

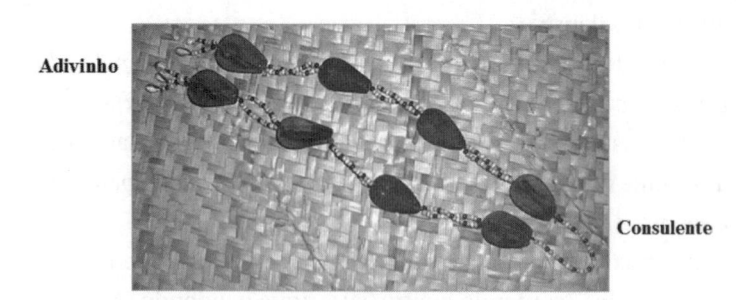

Adivinho

Consulente

As pontas do opelé ficam viradas para o adivinho.

Foi obtida, então a seguinte figura:

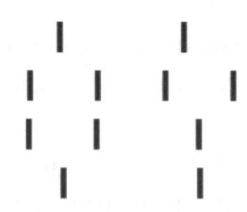

| I | I |
| I I I I |
| I I I |
| I I |

Nome do Odu encontrado: OTURADI

opelé, o rosário divinatório 161

Outros lançamentos serão feitos para saber se o Odu que surgiu como o "caminho" da consulta está prognosticando uma coisa boa, *irê* (positivo: palavra *irê* pode ser traduzida como bênção) ou um acontecimento ruim, *íbi* ou *osôbo* (os dois termos significam maldição, acontecimento nefasto; osôbo é o mais usado tanto em Cuba quanto no Brasil.). Para este fim, o babalaô deverá contar com a ajuda dos diversos *abiras* que serão utilizados na técnica denominada "amarração de íbos".

Os abiras e a amarração de íbos

Os abiras são pequenas peças que servem de apoio e orientação ao "olhador" no decorrer das consultas.

As peças utilizadas para este fim variam de uma região para outra. A que aqui apresentamos é a mais usada, tanto na África, quanto em Cuba e no Brasil.

Pedras, conchas, búzios, ossos de animais e até mesmo pedaços de objetos de cerâmica compõem a coleção de íbos, que se dividem em duas categorias de acordo com a utilização:
1. Abiras ou íbos de caminho ou de mesa;
2. Íbos de mão.

Os abiras de caminho ou de mesa
São cinco os abiras que identificam o caminho que deve ser seguido na consulta, ou seja, indicam o tipo de problema contatado pelo oráculo e relacionado ao consulente.
Os objetos usados são:
a. Uma pedra pequena (*okutá*);
b. Dois búzios atados um ao outro com as aberturas naturais para fora (*caurí*);
c. A ponta do casco de caracol grande (*igbín*);

d. Um crânio de um galo ou galinha (*leri adié*);
e. Um caco de um objeto de cerâmica que tenha se partido acidentalmente (*apadí*).

Estas peças são dispostas sobre a esteira no decorrer da consulta, sendo que a ordem varia de acordo com a situação configurada:

a. Odu opolé em irê;
b. Odu opolé em íbi ou osôbo (osogbo);
c. Uma disposição especial através da qual se identifica qual entidade poderá ajudar na solução do problema.

Em cada uma destas disposições os abiras possuem significados diferentes, como veremos a seguir:

Disposição irê

Abiras na disposição ire.

Okutá (pedra)
Indica *irê aiku* (a benção da vida longa). Não haverá morte.

opelé, o rosário divinatório

Interpretação do símbolo:
A pedra, por sua durabilidade, representa que não haverá morte. A vida será tão longa quanto é longa a vida de uma pedra.

Caurí meji (dois búzios unidos)
Indica *irê aje* (a benção do dinheiro). Os problemas financeiros serão solucionados. Entrada de dinheiro.
Interpretação do símbolo:
Os búzios foram a primeira moeda de troca utilizada pelos negros africanos e por muitas outras civilizações. O símbolo aqui está perfeitamente adequado à ideia de "dinheiro".

Igbín (casco de caracol)
Indica *irê obinrin* (para homens) e *irê okunrin* (para mulheres), a benção da união sexual. O bem chega por intermédio da pessoa com a qual o cliente se relaciona sexualmente, ou pode indicar o surgimento de um amor.
Interpretação do símbolo:
A interação sexual é o que garante a perpetuação das espécies, inclusive do ser humano. Esta perpetuação é aqui representada pela espiral existente na formação da casca do caracol. A espiral termina no infinito, assim, a descendência do ser humano é simbolicamente garantida até o infinito.

Leri adié (crânio de galinha)
Indica *irê omó* (a benção dos filhos). O bem chega pelos filhos ou descendentes; pode prenunciar o nascimento de um filho, neto etc.
Interpretação do símbolo:
O osso é portador de um significado que, entre os ocidentais, é expresso de outra forma, embora tenha o mesmo sentido. O ocidental refere-se à sua descendência como "sangue do meu san-

gue" ou "carne da minha carne"; o africano costuma dizer com o mesmo sentido: "osso do meu osso".

APADÍ (CACO DE CERÂMICA)
Indica *irê axegun otá* (a benção da vitória sobre os inimigos). A pessoa derrotará seus inimigos. Pode indicar vitória em disputas esportivas, questões judiciais, rixas, concursos etc.
Interpretação do símbolo:
O caco é na verdade uma inutilidade. O símbolo representa o inimigo após a ação do cliente, transformado num caco, sem nenhuma utilidade.

Disposição osogbo ou íbi

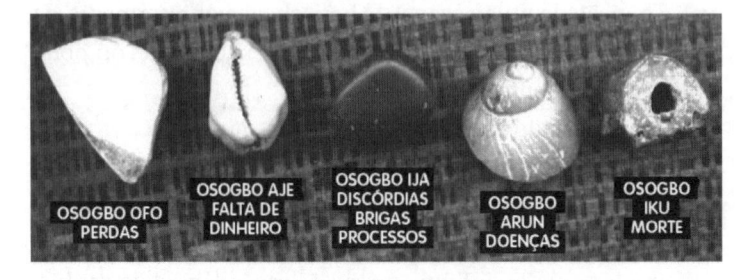

Abiras na disposição osogbo.

Quando o Odu preconiza algum acontecimento de aspecto negativo, a disposição das peças é alterada e, na nova ordem, mudam também seus significados, que passam a ser:

OKUTÁ (PEDRA)
Indica *osôbo ija* ou *ejó*. Brigas, problemas de justiça, guerras, confusões de todas as ordens.
Interpretação do símbolo:

Aqui, a pedra representa um obstáculo que se interpõe no caminho do cliente. As brigas e os problemas de justiça nada mais são que "pedras no caminho" de alguém.

Caurí meji (dois búzios unidos)
Indica *osôbo aje*. Problemas de ordem financeira, falta de dinheiro.
Interpretação do símbolo:
O símbolo não muda de significado, representa dinheiro. A diferença é que, no aspecto negativo, mostra a falta dele.

Igbín (casco de caracol)
Indica *osôbo arun*. Doença.
Interpretação do símbolo:
Se observarmos o interior do casco de um caramujo, o que veremos é sujeira, impurezas. E o que são as doenças senão imundícies que se alojam no corpo de alguém?

Leri adié (crânio de galinha)
Indica *osôbo ikú*. Morte no sentido literal da palavra.
Interpretação do símbolo:
A interpretação aqui não poderia ser mais óbvia: o osso como resultado da morte.

Apadí (caco de cerâmica)
Indica *osôbo ôfo*. Perdas. Pode indicar perda de bens materiais, de prestígio, de amizades, de um amor, de respeito etc. Todo e qualquer tipo de perda pode ser aqui indicado.
Interpretação do símbolo:
O caco é o que resta de um objeto útil que se partiu e se estragou. Isto representa uma perda, assim como o símbolo que remete a essa ideia.

Para identificar a entidade

Abiras na disposição para apurar quem irá atuar no evento.

Novamente, para se apurar qual entidade espiritual irá, além de Exu, auxiliar na solução do problema do cliente, a disposição das peças é alterada:

OKUTÁ (PEDRA)
É um Ebora.
Interpretação do símbolo:
As pedras são as representações materiais dos Orixás.

CAURÍ MEJI (DOIS BÚZIOS UNIDOS)
É Orunmilá.
Interpretação do símbolo:
Os búzios são também utilizados no mais comum dos sistemas divinatórios que fazem parte do Oráculo de Ifá. Esta é a referência a Orunmilá, patrono do Oráculo.

IGBÍN (CASCO DE CARACOL)
É um Orixá Funfun.
Interpretação do símbolo:
O grande caracol Igbín é a oferenda por excelência dos Orixás Funfun. Daí o significado do símbolo.

LERI ADIÉ (CRÂNIO DE GALINHA)
É um Egun quem irá ajudar o cliente.
Interpretação do símbolo:
O osso nesta disposição remete à ideia do morto (egun).

APADÍ (CACO DE CERÂMICA)
É o próprio Orí (a cabeça) do cliente que irá ajudar.
Interpretação do símbolo:
Num sentido mais profundo, o termo iorubá *orí* faz referência não somente à cabeça como parte do corpo, como também e principalmente ao espírito que nela habita. Ori é considerado um Orixá de hierarquia superior a todos os demais. Sendo o Orí uma partícula desprendida do Grande Deus, é aqui representado por um caco, parte desprendida de um objeto.

A amarração de íbos

Esta é a técnica através da qual o sacerdote irá estabelecer contato direto com a entidade consultada, obtendo respostas seguras que se limitam unicamente a um sim ou um não.

É assim que irá também saber se o Odu revelado na consulta, quer seja num dakin ou num dapelê, está preconizando irê ou osôbo.

Os íbos são entregues ao consulente para que os misture entre as mãos e depois os separe aleatoriamente, ficando com um em cada mão, que deverá ser mantida fechada para que o adivinho não possa saber em qual delas está este ou aquele íbo.

Após entregar os íbos ao cliente, o olhador fará dois lançamentos consecutivos de seu opelé, ou sacará dois Odus com seus ikins, usando a técnica anteriormente descrita.

O primeiro Odu encontrado nesta sequência será marcado à direita do Odu regente da consulta. O segundo Odu será marcado à esquerda.

O olhador verificará, então, qual dos dois é mais forte ou mais velho, considerando para isso a ordem de chegada dos Odus em Ifá.

Se a figura mais forte for a da direita, o cliente deverá abrir a mão esquerda mas se, ao contrário, a figura mais forte for a da esquerda, o cliente abrirá a mão direita.

O íbo que estiver contido na mão aberta responderá sim ou não à pergunta suscitada pelo oluwo (olhador, adivinho).

Os íbos de mão e seus significados
Os íbos que são entregues nas mãos do consulente dão ao olhador a resposta à pergunta formulada. São eles: uma fava olho-de-boi (*oju malu*), uma pedra (*okutá*) e um crânio de galinha (*leri adié*).

A resposta deve ser apenas sim ou não. Desta forma, a pergunta deve ser breve e objetiva, não podendo ser formulada como "isto ou aquilo", o que tornaria impossível uma resposta lacônica em que só existe sim e não. Ou seja, o adivinho jamais formulará uma pergunta como a que se segue: "A pessoa a que se refere é homem ou mulher?"

A mesma questão deve ser apresentada da seguinte forma: "A pessoa a que se refere é homem?" ou "A pessoa a que se refere é mulher?"

Considerando-se como cada lançamento as oito mãos de ikins ou uma jogada com a corrente opelé, obrigatoriamente será feito o seguinte número de lançamentos:

1. PARA SABER QUE ODU IRÁ REGER A CONSULTA: 1 lançamento (obrigatório).
2. PARA SABER SE O ODU ESTÁ EM IRÊ OU OSÔBO: 2 lançamentos (obrigatórios).

3. PARA SABER QUAL O CAMINHO DE IRÊ OU DE OSÔBO ESTÁ SENDO INDICADO: 5 lançamentos (eventuais).
4. PARA PERGUNTAS ADICIONAIS: tantos lançamentos quantos se fizerem necessários, sendo dois para cada pergunta formulada, até que se defina o ebó, se o ebó é suficiente, se algum tipo de oferenda deverá ser feita para outra entidade etc. (facultativos).

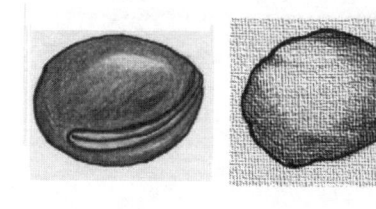

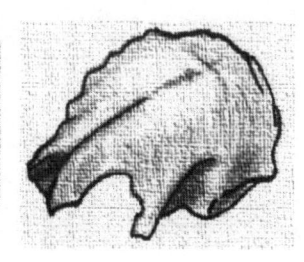

Íbos de mão: Oju malu, Okutá e Leri adié.

O jogo do obi

O jogo do obi se resume no sistema mais elementar de comunicação oracular, obtendo-se, da entidade que se acessa, uma resposta rápida e eficaz, que pode simplesmente ser interpretada como sim ou não.

Este tipo de recurso oracular não pode ser considerado como um sistema completo, funcionando exclusivamente como apoio a qualquer tipo de procedimento que esteja sendo executado, seja um ebó, uma entrega de adimú para Orixá, o sacrifício de um animal qualquer ou um procedimento ritualístico mais elaborado.

O obi é a semente da árvore coleira (*Cola acuminata*), da família das esterculiáceas. O obi cresce, em quantidades diversas, dentro de frutos grandes, envolvido em fina película de cor esbranquiçada.

Estas sementes, conhecidas como nozes de cola, possuem grande poder de cura para diversas doenças, sendo, por isso, amplamente utilizadas na farmacopeia.

Um mesmo pé de cola pode produzir obis brancos (*obì ifin*) e obis vermelhos ou roxos (*obì pupa*), da mesma forma que pode produzir obis de dois gomos e obis de quatro gomos ou mais.

Outro tipo de cola usado nos ritos afros é o *orogbo* (*Garcinia kola*, da família das gutíferas), também conhecido como cola-amarga. O orogbo é a oferenda preferida de Xangô, o Orixá dos trovões e da justiça.

Antes de se manipular o obi, é preciso fazer libações de água, e ele nunca será aberto com o uso de facas ou qualquer outro objeto cortante.

O Obi, por ser considerado um vegetal sagrado, não pode ser cortado com facas ou congêneres, motivo pelo qual somente os obis que possuam quatro ou mais gomos podem ser usados para finalidades religiosas.

Na impossibilidade de se obter um obi de quatro gomos, é preferível utilizar dois obis de dois gomos do que partir os dois gomos de um obi com faca.

Diferente do obi, o orogbo pode ser cortado, sendo que, para seu uso na adivinhação, existe um corte peculiar.

Os quatro segmentos de obi lançados pelo adivinho podem assumir diferentes disposições. Por isso, é possível obter cinco tipos de caídas como resposta, e nada mais que isto.

Concluímos, a partir daí, serem infundadas as informações de obtenção de odus através da utilização do obi ou de qualquer outro elemento que seja utilizado em sua substituição. Por isso, é possível impõe a este sistema a total impossibilidade de sua utilização em consultas oraculares, como pretendem alguns poucos.

Outros elementos podem substituir o obi na função de apoio oracular. Assim, além de orogbos, cebolas, maçãs e pedaços de coco são usados de forma plenamente satisfatória.

Em Cuba, pela dificuldade de se obter obis, babalaôs, *oriates* e *santeros* usam o coco para este fim com excelentes resultados. Por sua própria formação, os pedaços de coco dão respostas mais seguras já que definem muito melhor se nas "caídas" encontram-se abertos ou fechados.

o jogo do obi

Para este fim, são utilizados quatro pedaços de coco de tamanhos mais ou menos iguais e de forma arredondada, desprovidos da casca grossa exterior.

O que não se admite, por se considerar fundamentalmente inadequado, é a utilização de quatro búzios para esse fim, o que infelizmente é o mais usado.

Jogo de búzios é merindinlogun, ou seja, 16 búzios. Qualquer tentativa de se aumentar ou diminuir esta quantidade entra em desacordo com tudo o que se encontra fundamentado em Ifá.

Caídas do obi

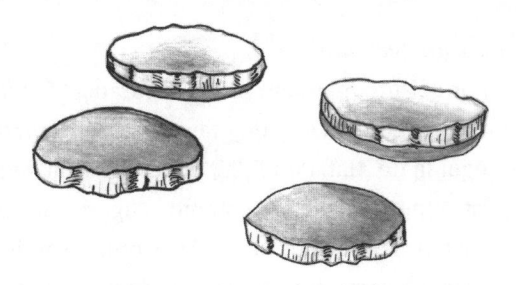

Obi fechado (parte interna para baixo) e obi aberto (parte interna para cima).
Caídas do coco

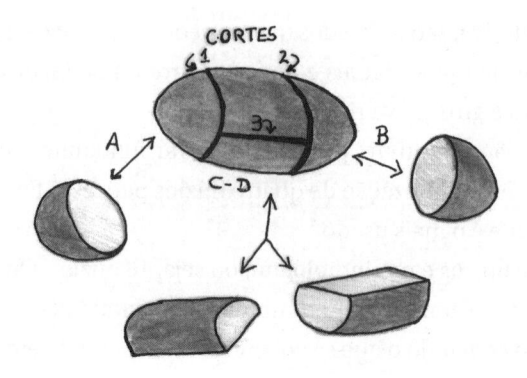

Caídas do orogbo
Corte e caídas do orobô.

Interpretação das caídas

Quatro abertos
ALÁFIA: responde sim, tudo bem, tranquilidade, felicidade. Tem que se perguntar de novo para maior segurança. Se depois de Aláfia cair Ejifé, Etawa ou se repetir Aláfia, pode-se considerar a resposta como afirmativa.

Três abertos e um fechado
ETAWA: responde sim, mas sem muita segurança. É necessário que se repita a pergunta. Quando Etawa se repete (cai duas vezes), ou é seguida de Aláfia ou Ejifé, podemos estar seguros de que a resposta é positiva. Se, no entanto, a figura não se repetir ou for seguida por Okana Sode ou Oyeku, é preciso muito cuidado e voltar a fazer a pergunta para maior segurança.

Dois abertos e dois fechados

EJIFÉ: é a caída mais segura do jogo de obi. Responde sim e sua palavra é segura e irrefutável. Não precisa perguntar mais. Ratifica uma resposta de Aláfia ou de Etawa.

Um aberto e três fechados

OKANA SODE: diz não e é prenúncio de acontecimento nefasto. Em Okana Sode, o Orixá responde não ao que lhe tenha sido perguntado. Indica, quase sempre, que o trabalho que está sendo feito está errado, que dará maus resultados ou que está incompleto.

Quatro fechados

OYEKU: responde não. É uma caída ruim que pode, por vezes, representar prenúncio de morte. Significa que o que se está fazendo está errado ou não foi aceito.

Obi em Aláfia.

Odu: os signos oraculares

Com o desaparecimento do culto de Orunmilá no Brasil, perdeu-se, principalmente, a noção do que seja Odu, e ainda hoje existe muita discordância sobre o termo e seu real significado.

No itan de Irete Meji, citado no capítulo sobre o irofá e sua utilização, encontramos os Odus mencionados como "filhos espirituais de Ifá".

A palavra *odu*, na língua iorubá, possui os mais diversos significados, dependendo da entonação empregada em sua pronúncia.

Esse termo pode ser encontrado acoplado a muitos outros para dar sentido a outra palavra, levando-se em conta que, naquela língua, uma palavra pode, muitas vezes, ter o sentido de uma frase inteira, como, por exemplo Olodumare, que é nome ou título honorífico do Deus Supremo. Desmembrando a palavra, encontramos os seguintes componentes: *Ol + odu + mare*, que podemos analisar separadamente.

O prefixo *ol* resulta da substituição, pelo "L", das letras "N" e "I" da palavra *Oni* (dono, senhor, chefe), utilizada, modificada ou em sua forma original, para designar o domínio de alguém sobre alguma coisa (propriedade, profissão, força, aptidão etc.).

O termo intermediário *odu* possui diversos significados, dependendo das diferentes entonações na sua pronúncia (o sinal gráfico utilizado no idioma iorubá, correspondente ao acento grave no português, determina uma entonação mais baixa na pronúncia da letra em que aparece), e reunido ao prefixo *ol* resulta em *olodu*, cujo significado é "aquele que possui o cetro ou a autoridade", ou ainda "aquele que é portador de excelentes atributos, tamanho e qualidade".

A última palavra — o componente *mare* — é, por sua vez, o resultado do acoplamento de dois termos, *ma* e *re*, imperativo que significa: "não prossiga", "não vá". A advertência contida no termo faz referência à incapacidade do ser humano, inerente à sua própria limitação, de decifrar o supremo e sagrado mistério que envolve a existência da Divindade (IDOWU, 1962).

Abraham (1958) fornece as seguintes traduções para o termo:

Odù — Pote para guardar àgbo.

Òdù — Grandeza, grandiosidade (usado em diversas expressões como em òdù ìkòkò (pote grande).

Òdù — Nome de uma jogada num jogo denominado ayò, quando certa cavidade fica repleta de nozes.

Òdú — Localidade de Ìláàró.

Òdú — Vegetal (*Solanum nodiflorum*, da família das solanáceas).

Òdù — Cada um dos 256 signos que compõem o oráculo de Ifá, divididos em 16 principais e 240 subordinados, chamados Omo Odù.

Outra tradução para a mesma palavra seria um dos nomes adotados por Iyami Oxorongá (Ôdu) ao formalizar um pacto com Orunmilá de, ao aceitar se transformar em sua esposa, passar a ser apaziguada no Igbadu, a cabaça da existência, conforme

odu: os signos oraculares 179

narra o itan do Odu Irete Ogbe (analisado no capítulo sobre o quadro sacerdotal).

No presente estudo, trataremos por *Odu* os signos que compõem o sistema oracular de Ifá.

A falta de informações corretas fez com que, no Brasil, estes signos adquirissem individualidade e, deixando de ser símbolos orientadores das consultas, passasse a ser vistos e tratados como entidades providas de personalidade como seres, objetos de culto.

Assim, passou-se a "assentar", "despachar", "alimentar" ou "agradar" Odu, da mesma forma que se faz com as entidades, principalmente os Eguns, separados em categorias de acordo com sua boa ou má influência. Da mesma forma que um Egun Burukú, espírito sem luz e de ação maléfica, um Odu considerado "negativo" é despachado ou substituído por outro considerado "positivo".

Na verdade, não se despacham, não se assentam nem se agradam os Odus. Seguem-se as orientações neles contidas, observam-se os ditames, intervenções, itans etc. neles revelados por Ifá-Orunmilá.

Todos os ebós indicados por seu intermédio serão para Exu, excetuando-se aí as oferendas ou outros procedimentos determinados para os Orixás, Eguns etc.

O Odu será então o "caminho" a ser seguido desde o momento em que surja na consulta, e esta regra é válida tanto para os jogos de ikins e de opelé, como também para o merindinlogun, o jogo de búzios.

Infelizmente, o que se vê na prática quase geral foge por completo desta regra tão simples.

Odus são assentados como se fossem Orixás, recebem presentes e comidas como se fossem entidades do panteão e são despachados e até mesmo xingados como se fossem bandidos astrais.

É comum, nos dias que coincidem com a numeração do mês, algumas pessoas fazerem grandes oferendas para os Odus. Desta forma, observando a ordem de chegada dos Odus no merindinlogun de acordo com a quantidade de búzios abertos que os identificam, no dia 01 do mês 01 dão presentes a Okanran; no dia 02/02, a Ejioko; no dia 03/03, a Etaogundá; e assim, consecutivamente, vão presenteando todos os Odus, praticando, com isso, uma grande injustiça em relação a alguns outros.

Não existem os meses 13, 14/14, 15/15, nem 16/16, o que deixa os quatro últimos Odus do elenco do jogo de búzios — Ejiologbon, Iká, Obeogunda e Aláfia — sem direito a festas, presentes e comemorações, e isto seria, sem dúvida, uma grande injustiça se esse procedimento fosse correto.

Numa visita a uma Ialorixá, nossa velha amiga, fomos gentilmente convidados para ver o seu assentamento de Obara, feito por uma pessoa inabilitada sequer para falar ou jogar por Odu. Conduzidos ao pátio da casa, deparamos com uma pequena sepultura em cuja lápide estava gravado: "Aqui jaz Obara".

Fatos como esse são provas do absoluto desconhecimento de grande número de adeptos brasileiros sobre a base e a coluna vertebral do oráculo: os Odus de Ifá.

Outro costume adotado foi o uso de datas de nascimento para, com os algarismos que as compõem, fazerem-se contas que irão indicar o Odu ou os Odus da pessoa.

Como se sabe, cada ser humano possui um único Odu, determinado por seu Iporí no momento em que escolhe Orí. Este ato é testemunhado por Orunmilá, Obatalá e Baba Ajalá. Contrariando esse fundamento, os métodos usados com cálculos baseados em datas de nascimento chegam a indicar até sete ou oito

odu: os signos oraculares 181

Odus para uma mesma pessoa e deve-se notar que, nesses métodos, apenas os 16 Mejis são levados em consideração, como se não existissem outros 240 Odus.

Essa mesma técnica é usada para consultas eventuais, o que, se fosse legítimo, ensejaria a utilização de máquinas de calcular em substituição ao conjunto de búzios que compõem o sistema. Devemos considerar ainda que a numerologia é uma ciência relacionada à Cabala, sendo, portanto, de origem hebraica e absolutamente estranha às civilizações afro negras.

A utilização de tal método nas consultas ao oráculo de Ifá representa uma inadmissível mescla cultural, se levarmos em conta, principalmente, que os povos nagô e fon, que nos legaram este oráculo, não possuíam um calendário semelhante ao nosso, utilizado como base fornecedora das datas — informação principal para este método. Como exemplo, podemos verificar que a semana iorubá se dividia em quatro dias assim denominados:
1. Ojó Awo — Dia de consulta a Ifá (consagrado a Orunmilá);
2. Ojó Ogun — Dia de conquistas (consagrado a Ogun);
3. Ojó Jàkúta — Dia da justiça (consagrado a Xangô);
4. Ojó Obatalá — Dia de prestar reverências a Oxalá.

Os Odus de Ifá são signos componentes de um sistema oracular que tem como base a mais pura matemática. São representados por combinações de quatro sinais duplos ou simples, dispostos em duas colunas paralelas e, embora sejam símbolos matemáticos, não podem nem devem, em nenhum momento, ser relacionados a algarismos.

Existem duas diferentes ordens de chegada dos Odus, sendo que a primeira refere-se aos signos utilizados nos jogos de ikins e de opelé, e a outra, em que cada Odu é representado por um número de 1 a 16, é referente ao Odus utilizados no jogo de búzios, e alguns deles têm seus nomes modificados.

Ordem de chegada, configuração e nomes dos Odus em Ifá

1 – Ejiogbe	2 – Oyeku Meji	3 – Iwori Meji	4 – Odi Meji
5 – Irosun Meji	6 – Owónrin Meji	7 – Obara Meji	8 – Okanran Meji
9 – Ogunda Meji	10 – Osa Meji	11 – Iká Neji	12 – Oturukpon Meji
13 – Otura Meji	14 – Irete Meji	15 – Oxe Meji	16 – Ofun Meji

É importante conhecer as figuras que compõem as geomancias árabe e europeia para verificar a similitude com as figuras representativas dos Odus de Ifá.

O babalaô deveria ter alguma noção da geomancia árabe para melhor entender o próprio Oráculo de Ifá, mas o que se verifica é que muitos dos autointitulados babalaôs sequer conhecem as configurações indiciais de cada Odu e, em alguns casos, desconhecem até os seus nomes em iorubá.

odu: os signos oraculares 183

Fomos procurados, em certa ocasião, por uma pessoa que havia dado iniciações em Ifá, como babalaôs e iyalaôs, a um numeroso grupo de pessoas, dentre as quais, inúmeras mulheres e alguns homossexuais.

Esta pessoa trazia consigo diversas farinheiras de madeira para que gravássemos, em suas tampas, a configuração do Odu Oxetura. É que ele, considerando-se babalaô habilitado inclusive a "fazer" outros e outras, não conhecia as "marcas" do Odu. As farinheiras serviriam de igbá para o Orunmilá que seria assentado para cada um dos iniciandos.

A iniciação de um sacerdote de Ifá não se limita à cerimônia específica para este fim, da mesma forma que não se extingue nela.

Exige, na verdade, muitos anos de estudo e dedicação, até que o candidato adquira um conhecimento suficientemente amplo sobre as técnicas dos diferentes tipos de jogo que, como babalaô, deverá usar.

É imprescindível que saiba a utilização dos objetos usados nas consultas, saber como e quando se usa o oponifá, o irofá, o iyerosun, a corrente opelé, os ikins etc.

Precisa conhecer os 16 Odus Meji e de que forma interagem para dar surgimento aos 240 Odus-Filhos, e compreender que estes, embora apresentem na sua configuração indicial uma "perna" de cada um daqueles que lhe deram origem, são figuras oraculares diferentes e com mensagens, interdições, itans e esés que nada têm a ver com os que lhes deram formação.

Tem que saber, de forma plena e consciente, que cada Odu funciona como um manancial de ensinamentos e orientações de todas as ordens, mas que não são indivíduos, personagens ou entidades objeto de culto.

Deve ter consciência do que representa tal cargo sacerdotal e, principalmente, das renúncias às quais terá que se submeter no decorrer de sua vida sacerdotal.

O Ifá, como já disse Verger, é um sacerdócio intelectual. Podemos afirmar que a iniciação intelectual precede, em muito, à iniciação ritualística, não se extinguindo nela, mas, ao contrário, estendendo-se *ad eternum*.

A legítima iniciação de um sacerdote do culto de Orunmilá começa com o aprendizado de tudo aquilo que se refere ao culto, que deve ocorrer muito tempo antes da sagração ritualística e deve prosseguir, depois dela, por toda a vida do adepto.

Este fato remete à afirmativa inexata daqueles que insistem em dizer que a iniciação de um babalaô tem que começar na mais tenra infância. Não importa a idade, importa o saber adquirido e, para tanto, não existe um tempo mínimo ou máximo. Cada um possui capacidade intectual diferente, cada um desenvolve o seu aprendizado de acordo com a sua dedicação e interesse.

É inadmissível, pois, que uma pessoa qualquer viaje para África, Cuba, Venezuela, Estados Unidos ou qualquer lugar do mundo e volte, semanas depois, ostentando um título de babalaô, sem saber, na maioria das vezes, a responsabilidade que implica essa titularidade. É impossível que todos os seres humanos sejam talhados para tal função, sendo mais provável que poucos possuam real vocação e determinação espiritual para tal.

Da mesma forma, é inadmissível que os títulos de Oluwo ou de Arabá sejam conferidos a um recém-iniciado, como temos visto ocorrer com pessoas que vão à África e retornam poucos dias depois se dizendo iniciados em Ifá — não como simples babalaôs, mas como Oluwos da casa real —, alardeando a posse de Igbadu e outros graus exclusivos dos velhos babalaôs.

O cargo de Arabá pressupõe sabedoria que só com o tempo e muito tempo pode ser acumulada no exercício do rito e no estudo dos mistérios de Ifá. Apesar disso, é comum vermos pessoas se apresentarem em programas de televisão, devidamente "fantasiadas" com belas indumentárias africanas, autodenominando-se "arabás" quando, bem sabemos, não são sequer awofakans e, como prova disto, jogam búzios diante das câmeras.

Quadro comparativo das 16 figuras geomânticas nos diversos sistemas que as utilizam

Nº	Geomancia árabe	Geomancia europeia	Geomancia africana (Ifá)
1	El Tharik	Via	Ogbe
2	El Haoul	Cauda Draconis	Ogunda
3	El Qouwa	Puer	Irete
4	El Nesra El Kharidja	Fortuna Minor	Irosun
5	El Nakio El Khadd	Puella	Otura
6	El Kbda El Kharidja	Amitio	Oxe
7	El Okla	Carcer	Odi
8	El Ahian	Laetitia	Obará
9	El Atbat El Dakhila	Caput Draconis	Osá
10	El Adjtima'a	Conjunctio	Iworí
11	El Kabda El Dekhila	Acquisitio	Ofun
12	El Hamera	Rubeus	Iká
13	Es Sa'ad	Fortuna Major	Owónrin
14	El Baiad	Albus	Oturukpon
15	El Ankés	Tristitia	Okanran
16	El Djemâa	Populus	Oyekú

Os dezesseis Odu Meji e seus 240 Omo-Odu

Como já vimos os 16 Odus Mejis ou Odus principais dão surgimento, ao acoplar-se, aos 240 Odus filhos.

Cada Odu Meji produzirá, no encontro com um dos outros 15, um Odu filho, o que significa dizer que cada Odu Meji "gera", como figura principal representada na perna direita, 15 Omo-Odus ou *amolus* que, somados à sua própria representação como meji, perfazem um total de 16 figuras oraculares a ele relacionadas.

Aguere-Ifá sobre o pilão.

É fácil entender que, se temos 16 Odus desdobrando-se em 16, teremos 16 x 16 = 256 Odus.

Assim temos um sistema oracular composto de 256 figuras ou signos, cujos nomes são formados com a junção dos dois Odus que lhes dão origem — com exceção dos 16 principais que, por serem duplamente representados, são chamados de "meji", que significa "duplo" ou "duas vezes".

A maioria desses Odus, como se pode observar na relação que se segue, possuem mais de um nome. As palavras entre parênteses são as combinações com os nomes completos de cada Odu gerador.

Ogbe e seus amolus

Ejiogbe ou Ogbe Meji (duplo Ogbe). Este Odu é o primeiro na ordem de chegada de Ifá.

É conhecido entre os Fon (jeje) como "Jiogbe". Para melhor eufonia dos cânticos, costuma ter as sílabas invertidas para Gbe-Jime.

É conhecido também como Ejionile, Jionile ou Jionle, nomes formados pela provável contração das palavras *Oji lo n'ile*, cuja tradução é: "Aquele que possui a Terra" (o mundo). Este Odu recebe ainda, em iorubá, os seguintes nomes:

Ogbe Oji — Duas palavras (vida e morte).

Oji Nimon Gbe — Eu recebi duas dádivas.

Alafia — Coisas boas.

Awúlela — Cumpra com seu sacrifício e será bem-sucedido.

Aluku Gbayi — Aquele que, conhecendo a morte, ergue se sobre o mundo. Ele sabe se agitar ao redor do Sol.

Sua representação indicial em Ifá é:

```
I   I
I   I
I   I
```

E corresponde, na Geomancia europeia, à figura denominada "Via" (Caminho).

Seus amolus, resultantes da sua interação com os demais Odu-Ifá recebem os seguintes nomes:

Ogbeyeku (Ogbe Oyeku); Ogbeiworí (Ogbe Iwori); Ogbedi (Ogbe Odi); Ogberoso (Ogbe Irosun); Ogbewónrin (Ogbe Owónrin); Ogbebara (Ogbe Obara); Ogbekanran / Ogbekana (Ogbe Okanran); Ogbeyonu (Ogbe Ogunda); Ogbesá (Ogbe Osá); Ogbeká (Ogbe Iká); Ogbetrupon (Ogbe Oturukpon); Ogbetuwa (Ogbe Otura); Ogberete (Ogbe Irete); Ogbexe (Ogbe Oxe) e Ogbefun (Ogbe Ofun).

Oyeku e seus amolus
Oyeku Meji (duplo Oyeku). É conhecido entre os Fon, como "Yeku Meji", palavra cuja etimologia é desconhecida. Existe uma corrente que pretende dar a esta palavra um significado que está ligado aos termos *ye* (aranha) e *ku* (morte), por considerar-se a aranha como um animal de mau agouro e anunciador da morte.

Em nagô, o sentido pode ser o seguinte: "Tudo deve retornar depois da morte."

Os nomes honoríficos deste Odu são:

Alagba Baba Egun — Velho Pai dos Eguns.

Alagba Baba Mariwo — Velho Pai do Mariwo.

Ye-Ku-Ma-Yeke — Nós somos compostos de carne e de morte.

Zã-Ki — O Dia está morto.

Jioye ou Ejioye — Dois Ye, duas mães, evocando, como Ejiogbe, a dualidade Céu e Terra.

Sua representação indicial em Ifá é:

```
I I   I I
I I   I I
I I   I I
I I   I I
```

E corresponde, na Geomancia europeia, à figura denominada "Populus" (Povo, no sentido de multidão, superlotação).

Forma, ao interagir com os demais Odus, 15 amolus que recebem os seguintes nomes:

Oyekulogbe / Oyekunilogbe (Oyeku Ogbe); Oyekuiwori / Oyekupiti (Oyeku Iwori); Oyekudi (Oyeku Odi); Oyekuroso / Oyekubiroso (Oyeku Irosun); Oyekuwónrin (Oyeku Owónrin); Oyekubara (Oyeku Obara); Oyekukanran / Oyekufoloko (Oyeku Okanran); Oyekugundá / Oyekutegunda (Oyeku Ogunda); Oyekusá / Oyekurikusá (Oyeku Osá); Oyekuká / Oyekubiká (Oyeku Ika); Oyekutrupon / Oyekubatrukpon (Oyeku Oturukpon); Oyekutura (Oyeku Otura); Oyekurete / Oyekubirete (Oyeku Irete); Oyekuxe (Oyeku Oxe) e Oyekufun / Oyekubefun / Oyekubedurá (Oyeku Ofun).

Iworí e seus amolus

Iworí Meji (duplo Iwori). Este Odu recebe, na linguagem fon, o nome de Woli Meji. Segundo uma etimologia iorubá encontrada no Abomey, *wo-li* exprime a ideia de cortar (wo) a cabeça (li = Ori), decapitar.

Iwori Meji é considerado o encarregado da função de decepar as cabeças num mundo que nos é inteiramente desconhecido. Foi a este Odu que Mawu confiou o cutelo do carrasco.

Sua representação indicial em Ifá é:

I I I I
I   I
I   I
I I I I

E corresponde, na Geomancia europeia, à figura denominada "Conjunctio" (Conjunção, reunião).

Sua interação com os demais Odus produzem os seguintes amolus:

Iworibogbe (Iwori Ogbe); Iworiyeku (Iwori Oyeku); Iworidi (Iwori Odi); Iworiroso / Iworikoso (Iwori Irosun); Iworiwónrin

(Iwori Owónrin); Iworibara (Iwori Obara); Iworíkanran / Iworikana (Iwori Okanran); Iworigundá (Iwori Ogunda); Iworisá / Iworibosá (Iwori Osa); Iworiká / Iworiboká (Iwori Ika); Iworitrupon (Iwori Oturukpón); Iworitura (Iwori Otura); Iworirete (Iwori Irete); Iworixé / Iworiboxe (Iwori Oxe) e Iworifun / Iworibofun / Iworitowofun (Iwori Ofun).

Odi e seus amolus
Odi (Idi ou Edi) Meji (duplo Odi). Este Odu é conhecido entre os Fon como "Di Meji".
A palavra iorubá é *edi* ou *idi*, que significa "nádegas". Odi Meji pode significar, portanto, "duas nádegas".

Em iorubá o termo *dì* significa amarrar, prender, o que estaria muito mais de acordo com a influência principal deste Odu.

Sua representação indicial em Ifá é:

```
 I   I
I I  I I
I I  I I
 I   I
```

E corresponde, na Geomancia europeia, à figura denominada "Cárcere" (Prisão).

Os amolus formados por este Odu recebem os seguintes nomes:
Odigbe / Odilogbe (Odi Ogbe); Odiyeku (Odi Oyeku); Odiworí (Odi Iwori); Odirosun / Odiroso / Odiloso (Odi Irosun); Odiwónrin / Odijuani (Odi Owónrin); Odibara (Odi Obara); Odikanran (Odi Okanran); Odigundá (Odi Ogunda); Odisá (Odi Osa); Odiká (Odi Ika); Oditrupon / Odibatrupon (Odi Oturukpon); Oditura (Odi Otura); Odirete (Odi Irete); Odixe (Odi Oxe) e Odifun /Odifumbó (Odi Ofun).

odu: os signos oraculares 191

Irosun e seus amolus

Irosun Meji (duplo Irosun) é conhecido entre os Fon como "Loso Meji", "Losun" ou "Olosun Meji". Os nagôs o chamam também de Oji Orosun.

Irosun designa uma tintura vegetal vermelho-sangue, conhecida pelos Fon por *sokpepe* e utilizada ritualística e medicinalmente como cicatrizante. Irosun Meji é por vezes chamado "Akpan", nome de um pequeno pássaro negro muito esquivo dos demais pássaros e que tem a fama de defecar sobre as cabeças das outras aves.

Sua representação indicial em Ifá é:

```
 I   I
 I   I
I I  I I
I I  I I
```

E corresponde, na Geomancia europeia, à figura denominada "Fortuna Minor" (A pouca sorte ou pequena sorte).

Os amolus por ele gerados são:

Irosologbe (Irosun Ogbe); Irosoyeku / Irosokalelu (Irosun Oyeku); Irosoiworí (Irosun Iworí); Irosodi (Irosun Odi); Irosowónrin (Irosun Owónrin); Irosobara (Irosun Obara); Irosokanran / Irosunkana (Irosun Okanran); Irosogundá (Irosun Ogunda); Irososá (Irosun Osa); Irosoká (Irosun Ika); Irosotrukpon (Irosun Oturukpón); Irosoturá (Irosun Otura); Irosorete (Irosun Irete); Irosoxe (Irosun Oxe) e Irosofun (Irosun Ofun).

Owónrin e seus amolus

Owónrin Meji (duplo Owónrin). Segundo Maupoil, é conhecido entre os Fon como "Wenle Meji", tendo a pronúncia do "e" final anasalada, pronunciando-se, corretamente, *Uólin*, *Uórin* ou *Uárin*.

Wō-ri significa, em iorubá, rodar ou virar a cabeça, um sentido figurado de morrer; *wãlã-wãlã*, em fon, evoca a ideia de pintalgar, matizar.

O nome desse signo pode ainda fazer referência à união da vida e da morte, significando as duas coisas ao mesmo tempo. Sua representação indicial em Ifá é:

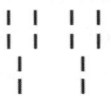

```
I I  I I
I I  I I
 I    I
 I    I
```

E corresponde, na Geomancia europeia, à figura denominada "Fortuna Major" (A sorte grande).

Os amolus em que este Odu surge formando a primeira perna são:

Owónringbe / Owónrinxogbe (Owónrin Ogbe); Owónrinyeku (Owónrin Oyeku); Owónriniworí / Owónrintanxelá (Owónrin Iwori); Owónrindi / Owónrinsodi (Owónrin Odi); Owónrinrosun (Owónrin Irosun); Owónrinbara (Owónrin Obara); Owónrinkanran / Owónrinpokanran (Owónrin Okanran); Owónringundá (Owónrin Ogunda); Owónrinsá / Owónrinbosá (Owónrin Osa); Owónrinká / Owónrinbiká (Owónrin Iká); Owórintrukpon (Owónrin Oturukpon); Owónrintura (Owónrin Otura); Owónrinrete / Owónrinbirete (Owónrin Irete); Owónrinxe / Owónrinboxe (Owónrin Oxe) e Owónrinfun / Owónrinbofun (Owónrin Ofun).

Obara e seus amolus
Obara Meji (duplo Obara). Conhecido entre os Fon como "Abla Meji". Os nagôs o chamam também de Obala Meji.

Para o termo encontramos duas etimologias. Oba Meji significa, em iorubá, "dois reis". O sétimo signo é, por origem, o rei dos ventos, através do qual costuma comunicar-se com muita frequência, e o Criador lhe deu muitas atribuições e honrarias, sendo o encarregado de representar os próprios reis.

Sua representação indicial em Ifá é:

```
 I     I
I I   I I
I I   I I
I I   I I
```

E corresponde, na Geomancia europeia, à "Laetitia" (alegria).

Forma com os demais mejis os seguintes Omo Odus:
Obaragbe / Obarabogbe (Obara Ogbe); Obarayeku (Obara Oyeku); Obaraiwori / Obarakori (Obara Iwori); Obaradi (Obara Odi); Obararoso / Obarakoso / Obaralosun (Obara Irosun); Obarawónrin / Obaranifé (Obara Owónrin); Obarakanran / Obarakana (Obara Okanran); Obaragundá (Obara Ogunda); Obarasá (Obara Osa); Obaraká / Obarakasiká (Obara Ika); Obaratrukpon / Obaratumbun (Obara Turukpon); Obaratura (Obara Otura); Obarakete / Obararete (Obara Irete); Obaraxe (Obara Oxe) e Obarafun (Obara Ofun).

Okaran e seus amolus

Okanran Meji (duplo Okanran). É conhecido entre os Fon como "Aklan Meji" ou "Akālā Meji".

O significado do termo *Okanran* em iorubá seria: "Uma só palavra" ou "A primeira palavra é a boa" (*Okan o lan*).

Sua representação indicial em Ifá é:

```
I I   I I
I I   I I
I I   I I
 I     I
```

E corresponde, na Geomancia europeia, à figura denominada "Tristitia" (tristeza).

Seus Odus Filhos recebem os seguintes nomes:
Okanranlogbe / Okanasode (Okanran Ogbe); Okanranyeku (Okanran Oyeku); Okanraniwori / Okanajio (Okanran Iwori); Okanrandi (Okanran Odi); Okanranrosun / Okanaroso (Okanran Irosun); Okanawónrin / Okanayabile (Okanran Owónrin); Okanabara (Okanran Obara); Okanrangundá / Okanakakuí (Okanran Ogunda); Okanransá (Okanran Osa); Okanranká (Okanran Ika); Okanrantrukpo / Okanatrukpon (Okanran Oturukpon); Okanrantura / Okanaturale (Okanran Otura); Okanranrete / Okanawete (Okanran Irete); Okanranxe / Okanaxe (Okanran Oxe) e Okanranfun / Okanafun (Okanran Ofun).

Ogunda e seus amolus
Ogunda Meji (duplo Ogunda). Este Odu é conhecido entre os Fon como "Guda Meji" ou "Gudoji". Etimologicamente, propõe-se a seguinte análise: Ogun (iorubá) ou Gu (fon), Orixá ou Vodun do ferro (e por extensão da guerra), e *da*, repartir, dividir, separar. Ogunda Meji significaria, então, "Ogun divide em dois".

Sua representação indicial em Ifá é:

```
I   I
I   I
I   I
I I I I
```

E corresponde, na Geomancia europeia, à figura denominada "Cauda Draconis" (rabo do dragão).

Os amolus formados por Ogunda são os seguintes:
Ogundagbe / Ogundabiode (Ogunda Ogbe); Ogundayeku (Ogunda Oyeku); Ogundaiworí Ogundakuaneye (Ogunda Iwori); Ogundadi (Ogunda Odi); Ogundaroso (Ogunda Irosun); Ogudawónrin / Ogundaleni (Ogunda Owónrin); Ogundabara (Ogunda Obara); Ogundakanran / Ogundakana (Ogunda Okanran); Ogundasá / Ogundamasá (Ogunda Osa); Ogundaká /

Ogundakalare (Ogunda Ika); Ogundatrukpon (Ogunda Oturukpon); Ogundatura / Ogundatetura (Ogunda Otura); Ogundakete / Ogundarete (Ogunda Irete); Ogundaxe (Ogunda Oxe) e Okundafun (Ogunda Ofun).

Osá e seus amolus

Osá Meji (duplo Osa) é conhecido entre os Fon como "Sa Meji". Os nagôs o chamam Osa Meji e também Oji Osa.

Para o nome três etimologias são propostas: *Sa* (iorubá), escapamento, no sentido de escorrer. *Sa* em iorubá significa ainda ventilar, arejar, podendo ter o sentido de separar, selecionar, escolher. Dizem que, anteriormente, os signos de Ifá não conheciam o ar da vida, e este signo os chamou e colocou a todos em contato com o ar.

Em iorubá, as palavras *Asa meji* significam, principalmente, "duas coxas", no sentido de representar os órgãos femininos que são "comandados" por Osa Meji.

Sua representação indicial em Ifá é:

```
I I   I I
 I     I
 I     I
 I     I
```

E corresponde, na Geomancia europeia, à figura denominada "Caput Draconis" (cabeça do dragão).

Estes são os Omo Odus formados da interação de Osa com os demais Meji:

Osalogbe / Osalofogbejo (Osa Ogbe); Osayeku (Osa Oyeku); Osaiwori / Osawo (Osa Iwori); Osadi (Osa Odi); Osarosun (Osa Irosun); Osawónrin / Osaloni (Osa Owónrin); Osabara / Osaxepe (Osa Obara); Osakanran (Osa Okanran); Osagundá (Osa Ogunda); Osaturukpon (Osa Oturukpon); Osaturá / Osaure (Osa Otura); Osarete (Osa Irete); Osaxe (Osa Oxe) e Osafun (Osa Ofun).

Iká e seus amolus

Iká Meji (duplo Ika). Este Ifá é conhecido entre os Fon como "Ka Meji". Os nagôs o chamam também de Oka, palavra que designa a serpente venenosa *amanõnú*. Os iorubás também dizem Faa Meji (dividido em dois), ou Iji Oka (duas serpentes).

Ika Meji representa Dan, a serpente (*ojo* em iorubá); rege todos os répteis do campo e também um bom número de animais que vivem na floresta, como os macacos, os lagartos, certos pássaros, o sapo, a rã, os caramujos, os ouriços, o pangolim e todos os peixes. Ika Meji rege todos os animais de sangue frio, aquáticos ou terrestres.

Sua representação indicial em Ifá é:

```
I I   I I
 I     I
I I   I I
I I   I I
```

E corresponde, na Geomancia europeia, à figura denominada "Rubeus" (vermelho, rubro).

Os amolus por ele formados são:

Ikalogbe / Ikagbemi (Ika Ogbe); Ikayeku / Ikabiku (Ika Oyeku); Ikaiwori / Ikafefe (Ika Iwori); Ikadi (Ika Odi); Ikaroso (Ika Irosun); Ikawónrin / Ikawáni (Ika Owónrin); Ikabara (Ika Obara); Ikakanran (Ika Okanran); Ikagundá (Ika Ogunda); Ikasá (Ika Osa); Ikatrukpon (Ika Oturukpon); Ikaturá / Ikafoguero (Ika Otura); Ikarete (Ika Irete); Ikaxe (Ika Oxe) e Ikafun (Ika Ofun).

Oturukpon e seus amolus

Oturukpon Meji (duplo Oturukpon). Este Odu é conhecido entre os Fon como "Turukpen" ou "Turukpon Meji", e o "R" é constantemente substituído pelo "L". Alguns o chamam ainda de "Bokonõ Lelo", "Awonõ Lelo", "Lelojime", ou simplesmente "Lelo".

odu: os signos oraculares 197

Em iorubá os termos "Lelo", "Lero", "Ilero" (de "Ile-Oro") significam "Terra Firme".

Sua representação indicial em Ifá é:

```
I I   I I
I I   I I
 I     I
I I   I I
```

E corresponde, na Geomancia europeia, à figura denominada "Albus" (alvo, branco, no sentido de puro, limpo, imaculado).

Estes são os amolus formados com a presença de Oturukpon na primeira perna:

Oturukponlogbe / Otrupobekonwa (Oturukpón Ogbe); Oturukponyeku (Oturukpón Oyeku); Oturukponiwori / Otrupon Adewene / Otrukpon Adakino (Oturukpón Iwori); Oturukpondi (Oturukpón Odi); Oturukponrosu / Otrupokoso (Oturukpón Irosun); Oturukponwónrin / Otruponuári (Oturukpón Owónrin); Otrukponbara / Otrupobarafé (Oturukpón Obara); Otruponkanran / Otrupokana (Oturukpón Okanran); Oturukpongundá (Oturukpón Ogunda); Oturukponsá (Oturukpón Osa); Oturukponká (Oturukpón Ika); Oturukponturá / Otrupontauro (Oturukpón Otura); Oturukponbirete (Oturukpón Irete); Oturukponxe (Oturukpón Oxe) e Oturukponfun (Oturukpón Ofun).

Otura e seus amolus

Otura Meji ou Otuwa Meji (duplo Otura). É conhecido entre os Fon como "Tula Meji", "Otula Meji" ou "Otura Meji". Em iorubá é denominado, por vezes, "Otuwa", que significa: "Tu estás de volta". É conhecido também, pelo nome de "Alafia". O termo iorubá mais comum é "Otura Meji", que evoca a ideia de separar, desligar, apartar.

Sua representação indicial em Ifá é:

```
 I   I
I I  I I
 I   I
 I   I
```

E corresponde, na Geomancia europeia, à figura denominada "Puella" (menina, mocinha).

Seus amolus são os que se seguem:

Oturagbe / Oturaniko (Otura Ogbe); Oturayeku (Otura Oyeku); Oturaiwori / Oturapampejó (Otura Iwori); Oturadi (Otura Odi); Oturarosun / Oturarosomu (Otura Irosun); Oturawónrin (Otura Owónrin); Oturabara (Otura Obara); Oturakanran / Oturatiku (Otura Okanran); Oturagundá / Oturairá (Otura Ogunda); Oturasá (Otura Osa); Oturaká (Otura Ika); Oturatrukpon (Otura Oturukpón); Oturarete / Oturatiju (Otura Irete); Oturaxe (Otura Oxe) e Oturafun / Otura Adakoí (Otura Ofun).

Irete e seus amolus

Irete Meji (duplo Irete). Entre os Fon este Odu é conhecido como "Lete Meji", suprimido o sufixo da palavra iorubá "Irete". Chama-se ainda, segundo alguns nagôs, "Oji Lete" ou "Oli Ate", que é o Signo da Terra. Em iorubá, Ire Te significa "a Terra consultou o Oráculo de Ifá".

Sua representação indicial em Ifá é:

```
 I   I
 I   I
I I  I I
 I   I
```

E corresponde, na Geomancia europeia, à figura denominada "Puer" (mancebo, jovem na puberdade).

Estes são os seus amolus:

odu: os signos oraculares   199

Iretetelogbe / Ireteuntelu / Irete Entebe More (Irete Ogbe); Ireteyeku (Irete Oyeku); Iretiwori / Ireteyero / Ireteyerugbefá (Irete Iwori); Iretedi / Ireteuntedi (Irete Odi); Ireterosun / Ireteloso (Irete Irosun); Iretewónrin / Irete Wan Wan (Irete Owónrin); Iretebara / Ireteobá (Irete Obara); Iretekanran (Irete Okanran); Iretegundá /Iretekedá / Iretekutan (Irete Ogunda); Iretesá / Ireteansá / Iretetomusá (Irete Osa); Ireteká (Irete Ika); Iretebatrukpon (Irete Oturukpón); Ireteturá / Iretesukankola (Irete Otura) e Ireteunfá / Iretefun / Iretefile (Irete Ofun).

Em relação ao último Amolu, a pronúncia em conjunto dos nomes dos Odus que dão origem a esta figura é considerada uma grave interdição. Acredita-se que a palavra atraia negatividades e, por isso, sua pronúncia é proibida, usando-se somente o nome substituto "Ireteunfá".

Oxe e seus amolus

Oxe Meji (duplo Oxe). Entre os Fon é conhecido como "Xe Meji". Os nagôs o chamam Oxe Meji e também Oji Oxe, para melhor eufonia. A palavra evoca, em iorubá, a ideia de partir, quebrar, separar em dois. O nome é desagradável. Este Odu teria cometido incesto (*ló*) com sua mãe Ofun Meji e foi, por isso, separado dos outros signos.

Sua representação indicial em Ifá é:

```
 I    I
I I  I I
 I    I
I I  I I
```

E corresponde, na Geomancia europeia, à figura denominada "Amitio" (perda, desperdício).

Estes são os seus amolus:

Oxegbe / Oxenilogbe (Oxe Ogbe); Oxeyeku (Oxe Oyeku); Oxeiwori / Oxepaure (Oxe Iwori); Oxedi (Oxe Odi); Oxerosun / Oxeloso (Oxe Irosun); Oxewónrin / Oxeniwo (Oxe Owónrin); Oxebara (Oxe Obara); Oxekanran / Oxefoleko Kana (Oxe Okanran); Oxegundá (Oxe Ogunda); Oxesá (Oxe Osa); Oxeká (Oxe Ika); Oxetrukpon (Oxe Oturukpón); Oxetura (Oxe Otura) e Oxebile / Oxefun (Oxe Ofun).

Em relação a esse último amolu, aplica-se a mesma regra relativa a Ireteunfá (amolu do Odu Irete). Sendo formado pela interação do Odu Oxe com o Odu Irete, o nome verdadeiro não pode ser pronunciado, sendo substituído por "Oxebile".

Ofun e seus amolus
Ofun Meji (Orangun / Ologbon), duplo Ofun. Este Ifá é conhecido entre os Fon como "Fu Meji", "Ofun Meji" ou "Ofu Meji". Os nagôs o chamam também de "Ofun Meji", "Làgun Meji" (*Làgun* significando mistério), "Ologbõ" (misterioso e maléfico por haver cometido um incesto), "Oji Ofu" por eufonia, "Hekpa" ou "Baba Hekpa" por eufemia (reza, prece).

Em iorubá, *Fun* significa doar, dar; *funfun* significa branco e este Odu representa esta cor, enquanto que *Ofu* significa perda, prejuízo.

A palavra *fu* transmite a ideia de limpar soprando, como quando se assopra um objeto ou superfície qualquer para retirar a poeira ali depositada.

Sua representação indicial em Ifá é:

```
I I   I I
I     I
I I   I I
I     I
```

E corresponde, na Geomancia Europeia, à figura denominada "Acquisitio" (aquisição, acúmulo, aumento).

odu: os signos oraculares

Estes são os amolus formados por Ofun:
Ofunlogbe / Ofunalogbe (Ofun Ogbe); Ofunyeku / Ofunyemilo (Ofun Oyeku); Ofunniwori / Ofungando (Ofun Iwori); Ofundi (Ofun Odi); Ofunrosun / Ofunroso / Ofunbiroso (Ofun Irosun); Ofunwónrin / Ofunjuani / Ofunfuní (Ofun Owónrin); Ofunbara / Ofunsusu (Ofun Obara); Ofunkanran (Ofun Okanran); Ofungundá (Ofun Ogunda); Ofunsá (Ofun Osa); Ofunká (Ofun Ika); Ofunturukpon / Ofunbatrupon (Ofun Oturukpón); Ofuntuwa / Ofuntempolá (Ofun Otura); Ofunrete / Ofunbirete / Ofunbile (Ofun Irete) e Ofunxe (Ofun Oxe).

O babalaô, para poder acessar o oráculo, tem que obrigatoriamente, conhecer cada uma das 256 figuras por suas configurações indiciais e saber de cor os seus nomes, ainda que seja um só nome de cada Odu.

Muito mais importante do que saber recitar os itans de cada Odu, é saber identificar o próprio Odu a partir de sua marcação, seja no iyerosun sobre o opon, seja numa folha de papel, feita a lápis ou caneta.

Se existe este tipo de problema no que concerne aos jogos de uso exclusivo dos babalaôs, o mesmo não se dá em relação ao jogo de búzios, onde os Odus são identificados não pela disposição dos traços duplos ou simples que os diferenciam, mas pelo número de búzios que se configurem "abertos" em cada lançamento.

O jogo de búzios ou merindinlogun

Conjunto de 16 búzios usado na adivinhação.

A lenda do jogo de búzios

Conta a lenda (MARTINS, 1998) que Oxum, primeira esposa de Orunmilá, invejosa do sucesso do marido, resolveu praticar a adivinhação, embora, naquela época, isso fosse um direito exclusivo dos homens.

Sabedora de que Orunmilá confiava todos os segredos do oráculo a Exu, Oxum resolveu fazer um pacto com o mensageiro

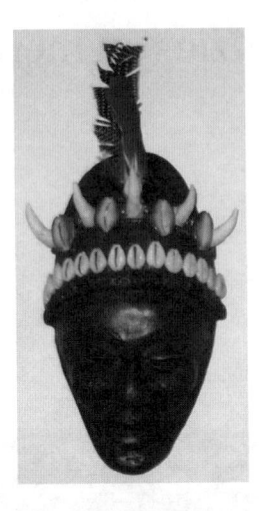

Máscara representando Exu.

dos deuses, e dessa forma pediu a ele que lhe ensinasse a adivinhar através dos Odus de Ifá.

O preço pelo serviço seria estabelecido por Exu e pago logo após a revelação proposta.

No dia seguinte, Exu voltou à casa de Oxum e lá, com muita cerimônia, entregou-lhe um punhado de búzios e algumas pedras, sementes e ossos de animais, além de outras coisas.

Antes de entregar a Oxum o jogo por ele inventado, Exu apresentou o seu preço: todos os ebós que fossem determinados nas consultas com o novo método seriam endereçados a ele, e mesmo os sacrifícios que não fossem destinados a ele deveriam ser entregues aos seus cuidados para que os conduzisse aos destinatários.

Tendo Oxum concordado com as exigências de Exu, recebeu dele os ensinamentos referentes aos 16 Odus Meji. Mas, para aplacar um pouco a provável fúria de Orunmilá, os Odus tiveo jogo de búzios ou merindinlogun 205

ram a sua ordem de chegada alterada, e alguns deles tiveram seus nomes trocados.

Desta forma, Exu criou um sistema de jogo que pode ser acessado também pelas mulheres e garantiu, para si mesmo, a vantagem de receber a totalidade dos sacrifícios determinados em todas as consultas.

O jogo de búzios

De todos os métodos de adivinhação pertencentes ao sistema oracular de Ifá, o jogo de búzios é o mais popular e o mais praticado no Brasil.

Com o desaparecimento dos babalaôs e tendo-se perdido por completo a fundamentação relativa aos jogos de ikins e de opelé, sobreviveu o jogo com 16 búzios, chamado em iorubá de *érindinlógun* ou *owó mèrìndínlógún*.

Essa forma de adivinhação é muito praticada na Nigéria e a mais divulgada nos países do Novo Mundo, onde as religiões afrodescendentes se fazem presentes e atuantes.

No Brasil é o método mais utilizado, superando de longe, em popularidade, os demais métodos divinatórios de Ifá, não só pela falta de pessoas habilitadas para a utilização do ikin e do opelé, como também por sua maior simplicidade e acessibilidade permitida para homens, mulheres e homossexuais.

Também em Cuba, o jogo de búzios é muito popular e acessível a todos os iniciados no culto da *santería* que eventualmente tenham "cargo" para isto.

Observa-se uma diferença na prática deste oráculo em Cuba, em relação a todas as demais regiões do mundo onde, de alguma forma, tenha se estabelecido o culto aos Orixás.

No Brasil, tanto quanto na Nigéria e em todas as outras partes do mundo, o jogo de búzios possui 17 caídas, das quais 16 se referem aos signos do oráculo — Odus —, e uma na qual todos os búzios são considerados "fechados" e que não se reporta a nenhum Odu, sendo determinante que a função de adivinhação deva ser encerrada imediatamente.

Em Cuba, o jogo de búzios se limita a 12 caídas, e aquelas em que 13 ou mais búzios se configurem como "abertos" não podem ser interpretadas pelo oficiante. Nesses casos, o consulente deve ser enviado, imediatamente, para um babalaô.

Cabrera (2004) explica que, na prática, só são interpretados os signos até Eyilá Chebora e, deste em diante, os prognósticos são de Ifá. Isto significa que somente 12 das 16 configurações são capazes de ser lidas: a partir daí, "o dilogum não fala".

Por que razão isso ocorre?

Por que, se em outras regiões podem-se interpretar os 16 Odus pelo merindinlogun, em Cuba isso só pode ocorrer em relação aos 12 primeiros da ordem de chegada deste sistema divinatório? É o que tentaremos entender.

Lachatañeré (1992), em seu estudo sobre a religião afrocubana, afirma que o oráculo tem uma função muito importante nos cultos lucumí. Segundo ele, o oráculo é o instrumento por meio do qual a divindade, controlada pelo sacerdote, estabelece contato, não com o consulente, mas com o ambiente.

Ao que tudo indica, a fonte de informações do autor citado desconhece (ou preferiu omitir) que, na verdade, o que se estabelece entre o adivinho e a deidade é uma espécie de diálogo, uma "conversação" na qual o primeiro formula perguntas que são, de forma lacônica (sim ou não), respondidas pelo segundo.

O mensageiro ou interlocutor neste sistema de adivinhação é sempre Exu; de forma alguma o adivinho pode exercer qual-

o jogo de búzios ou merindinlogun   207

quer tipo de controle sobre ele, seja consciente ou inconscientemente.

A comunicação será pautada, sempre, no respeito às regras de comportamento estabelecidas para o momento. No caso dessas regras não serem observadas, a "deidade", ou seja, Exu, poderá confundir o adivinho, deixando-o aturdido e sem condições de interpretar corretamente o que for revelado na consulta. Não existe, portanto, "controle" sobre a entidade, e sim submissão e respeito absolutos sobre sua condição de comunicador.

O desconhecimento do autor sobre quem "fala" através do merindinlogun fica patente na afirmativa de que as divindades, dirigindo-se ao cliente por meio de signos chamados "O-r-dus dos santos" (como escreve Lachatañeré na obra citada), por cada um dos quais podem passar diversas divindades.

Podemos observar pela expressão do autor que, mesmo num país onde o culto a Orunmilá não se extinguiu, como aconteceu no Brasil, a noção de Odu (termo grafado por ele como "O-r--du") perde um pouco de seu verdadeiro sentido, assim como se reinventa a sua relação com os Orixás. Os Odus são signos do oráculo de Ifá e não pertencem, como faz parecer o autor, a nenhum Orixá.

Através dos Odus de Ifá, as divindades não "passam" para falar nas consultas. Os Odus, durante uma consulta oracular, servem de "canais de comunicação" através dos quais Exu intermedia o diálogo, levando as perguntas às entidades e trazendo as respostas ao adivinho que, por sua vez, depois de decodificá--las, tratará de revelá-las ao interessado.

O candomblé brasileiro sedimentou-se tendo como apoio oracular único e exclusivo o jogo de búzios. Embora muitos fundamentos de sua prática original tenham se perdido no decorrer do tempo, o jogo sobreviveu com total exuberância, resistindo bravamente às "inovações" a ele impostas pela falta de conhecimento de uns e pela falta de escrúpulos de outros.

Das deformidades impostas por especuladores autodenominados *experts* no assunto, destacamos um método muito difundido, embora reconhecidamente moderníssimo, de se jogar búzios tendo como base a data de nascimento do cliente, através da qual serão encontrados um ou mais Odus para orientar a consulta.

Este método tem sido amplamente divulgado e utilizado, o que resulta em danos irreversíveis, principalmente no que concerne à identificação do Orixá da pessoa que se consulta. Ouvimos de uma velha mãe de santo, que muito colaborou com nossas pesquisas e consequente aprendizado, a seguinte frase:

> Pois então, meu filho, depois que inventaram a tal "continha" com a data do nascimento, todo mundo sabe qual é o seu Odu... só que não sabem é nada!... Na verdade, o que tem de "santinho" feito errado por causa deste descaramento não está no gibi!... Pra que servem então os "caramujinhos"? Por que não jogam os búzios na privada, se não servem mais pra nada?

(Por uma questão ética, não divulgaremos o nome da Ialorixá em questão.)

José Beniste (2000, p. 189), num capítulo de sua obra, refere-se a este método, denominando-o "Energia — o jogo feito pela data do nascimento".

Antes mesmo de explicar com detalhes a técnica utilizada, o autor afirma que, enquanto às vezes o processo matemático é usado como auxiliar do jogo de búzios, outras vezes ele é a forma real de consulta, e os búzios são jogados apenas para efeito visual.

Apesar de ensinar passo a passo o tal método, é o próprio autor quem o invalida ao afirmar que nele os búzios são usados de forma dissimulada, apenas para impressionar o cliente.

Máscara representando Orunmilá.

Em outras palavras diríamos, ao entendermos a afirmativa de Beniste, que esta forma de jogar búzios é, na verdade, um engodo, na medida em que nela os búzios são utilizados apenas para ludibriar o consulente que, pensando estar consultando um oráculo de Ifá, está na realidade servindo de cobaia para um método moderno, sem fundamentação e fruto de pura especulação.

Sabemos, com absoluta certeza, que os Odus de Ifá utilizados no jogo de búzios são identificados pelo número de búzios que se apresentem com a fenda natural virada para cima.

Os números relacionados a cada um dos 16 Odus do Merindinlogun não são, entretanto, o próprio Odu, como muitos acreditam. Dessa forma, Ejionile não é o número oito, mas, sendo o oitavo na ordem de chegada dos Odus no merindinlogun, é identificado por uma quantidade equivalente de búzios abertos.

Lembramos ainda que no jogo de búzios existe a possibilidade de uma 17ª caída, na qual os 16 búzios estarão fechados. Esta caída não é considerada um Odu, chama-se "Opira" e determina que o jogo seja imediatamente fechado.

Para facilitar a compreensão do que aqui afirmamos, compararemos um Odu qualquer a uma pessoa.

Cada Odu possui um número que o identifica e que se configura num lançamento dos búzios. Este número, identificador do Odu, será sempre correspondente ao seu posicionamento na ordem de chegada, como mostra a relação abaixo.

Ordem de chegada e nomes dos Odus no merindinlogun
1. Okanran — Identifica-se com 1 búzio aberto.
2. Ejioko — Identifica-se com 2 búzios abertos.
3. Eta Ogunda — Identifica-se com 3 búzios abertos.
4. Irosun — Identifica-se com 4 búzios abertos.
5. Oxe — Identifica-se com 5 búzios abertos.
6. Obara — Identifica-se com 6 búzios abertos.
7. Odi — Identifica-se com 7 búzios abertos.
8. Ejionile — Identifica-se com 8 búzios abertos.
9. Osá — Identifica-se com 9 búzios abertos.
10. Ofun — Identifica-se com 10 búzios abertos.
11. Owónrin — Identifica-se com 11 búzios abertos.
12. Ejilaxebora — Identifica-se com 12 búzios abertos.
13. Ejiologbon — Identifica-se com 13 búzios abertos.
14. Iká — Identifica-se com 14 búzios abertos.
15. Obeogunda — Identifica-se com 15 búzios abertos.
16. Aláfia — Identifica-se com 16 búzios abertos.

Este número, reafirmamos, não é o Odu, mas a sua identidade.

Da mesma forma, cada cidadão possui um número de registro em sua cédula de identidade. Este número serve para identificar o cidadão, mas não é o cidadão.

Assim, se o Odu não é o número pelo qual pode ser identificado, de que forma relacioná-los às potências numéricas descritas na numerologia cabalista?

E, para finalizar, devemos esclarecer que a Cabala é uma ciência pertencente à cultura hebraica e que os afro negros, que sequer a conheciam, jamais a utilizaram da forma como se pretende usar hoje neste pseudojogo de búzios.

Outro descaminho surgido por consequência disso é o costume enormemente adotado de dedicar determinadas datas a alguns Odus, implicando sempre ritos modernamente inventados, que comportam oferendas aos Odus então homenageados.

Assim, tornou-se comum o costume de, todo dia seis de junho (6/6), fazerem-se grandes festividades em louvor ao Odu Obara, pelo simples fato deste Odu identificar-se no jogo de búzios com seis peças abertas.

Da mesma forma, no dia 5/5 comemoram Oxe, em 4/4, Irosun, em 10/10, Ofun e assim por diante.

Diante de tal fato, leva-nos a lógica a questionar novamente: se não existem dias 13/13, 14/14, 15/15 e 16/16, em que dia devemos "comemorar" e "fazer oferendas" aos Odus Ejilaxebora (13 búzios abertos), Iká (14 búzios abertos), Obeogunda (15 búzios abertos) e Aláfia (16 búzios abertos)? Ou será que estes Odus, por não terem no calendário meses cuja numeração corresponda à quantidade de búzios que os identifica, perdem em importância para os demais, deixando, por isso mesmo, de serem merecedores de culto e oferendas como os que os antecedem?

Sabemos da existência de uma corrente que costuma identificar o Odu Obara com o número sete, porque Obara, embora responda no jogo de búzios com seis búzios abertos, é o sétimo na ordem de chegada de Ifá, na qual os números de nada valem e os Odus são identificados por suas configurações indiciais.

Se for possível identificar Obara pelo número sete, por que o mesmo procedimento não deve ser adotado em relação aos demais Odus?

Se assim fosse, se existisse um mínimo de possibilidades de ser assim, teríamos que obrigatoriamente identificar todos os demais Odus de acordo com seus posicionamentos na ordem de chegada de Ifá, desprezando definitivamente a ordem de chegada do merindinlogun.

Como regra geral, se Obara pudesse ser identificado e relacionado ao número sete, Odi o seria ao quatro, Oxe, ao quinze, Ofun, ao dezesseis, Iká, ao onze etc. etc. etc...

Mas a verdade é que essa é mais uma especulação de quem pouco sabe do Sistema Oracular de Ifá e, ainda assim, teima em intitular-se "babalaô". Mas se esquece que está lidando com coisa séria e que com coisa séria não se brinca!

Que uma sentença existente no Odu Ogbeyonu nos sirva de alerta:
> Orunmilá é aquele que amigavelmente dá dinheiro a seus filhos e que amigavelmente os orienta nos caminhos da vida.
> Ele é aquele que nos conduz a terras agradáveis e férteis, e nos saúda, e faz os nossos caminhos seguros e agradáveis.
> É melhor que ele nunca nos olhe com ira porque isso acontece uma única vez.

Baba Ifaleke ladeado pelos dois primeiros babalaôs iniciados por ele no Egbe Obi. À esquerda, Babalaô Carlos Fagbamikan e, na outra extremidade, Babalaô Sebastião Ifajemi.

Bibliografia

ABIMBOLA, W. **Ifá**: an exposition of Ifá literary corpus. Nova York, EUA: Athelia Henrietta, 1997.

ABRAHAM, R. C. **Dictionary of modern Yoruba**. Londres, RU: University of London, 1958.

ALAPINI, Julien. **Les noix sacrees**: étude complete de Fa-Ahidegoun, genie de la sagesse et de la divination au Dahomey. Monte Carlo, França, Regain, 1953.

ALFONSO, J. L. H. Santería. In: MOURA, C. E. M. de (org.). **As senhoras do pássaro da noite**. p. 189-212. São Paulo: EDUSP; Axis Mundi, 1994.

ARABÁ Agbaye de Ile-Ifé, Adisa Awoyemi Aworeni Mokoramwale, chefe do governo mundial da religião yorubá, entregando o Odu Real (Igba Iwa), que confere o título honorável de "Chief" ao Oluwo Ifashade Odugbemi. Fotografia disponível em <http://www.wix.com/ifashade/ifashade#!__page-0>. Acesso em 10 jan. 2010.

ARÓSTEGUI, N. B. **Los orishas em Cuba**. Havana, Cuba: Unión, 1990.

ASK, Chief Àlùko. In: ÀLÙKO, Adéoja E. (editor-in-chief). **Voices of I.F.A.** V. II, n. 1, april 2000. p. 1. Disponível em <http://www.ifainc.org/IFIncApril2000.pdf>. Acesso em 10 jun. 2010.

AWOLALU, J.O. **Yoruba beliefs and sacrificial rites**. Nova York, EUA: Athelia Henrietta, 1996.

BARRETO, J. P. A. C. (João do Rio). **As religiões do Rio**. Rio de Janeiro: Garnier, 1951.

BASCOM, W.R. **Sixteen cowries**: Yoruba divination from Africa to the New World. Bloomington, EUA: Indiana University, 1980.

BASTIDE, R. **O candomblé da Bahia**. 2. ed. São Paulo: Companhia Editora Nacional; Brasília: INL, 1978.

_____.; VERGER, P. Contribuição ao estudo da adivinhação em Salvador (Bahia). In: MOURA, C. E. M. de (org). **Olóòrisà**: escritos sobre a religião dos orixás p.57-85. São Paulo: Ágora, 1981..

BENISTE, J. **Jogo de búzios**: encontro com o desconhecido. Rio de Janeiro: Bertrand Brasil, 2000.

CABRERA, Lydia. **Iemanjá & Oxum**. São Paulo: EDUSP, 2004.

CISALPINO, M. **Religiões**. São Paulo: Scipione, 1994.

CLARK, P. B.; LINDEN, I. **Islam in modern Nigeria**. Mainz; Munique, Alemanha: Kaiser & Grunewald, 1984. (p. 138-149). Disponível em <http://www.afrikaworld.net/afrel/islam-atr-nigeria.htm>. Acesso em 6 jan. 2010.

D'HAIFA, *Women and Orisa Odu*. Disponível em: <http://www.rootsandrooted.org/?p=104>. Acesso em 10 fev. 2010.

DIA, O. Rio de Janeiro, 12 jan. 2002.

DOPAMU, P. A. de. **Exu**: o inimigo invisível do homem. São Paulo: Oduduwa, 1990.

EDEMODU, Austin. **Odissey of an American female Babalawo**. Disponível em <http://eleda.org/blog/category/articles/page/11/>. Acesso em 10 jan. 2010.

ELIADE, M. **O sagrado e o profano**: a essência das religiões. São Paulo: Martins Fontes, 1992.

ENTREVISTA. **Diário da Manhã**, Goiânia, 31 dez. 2001.

EPEGA, Afalobi A. **Ifa**: the ancient wisdom. Nova York, EUA: Imole Olowa Institute, 1987.

GONZÁLEZ-WIPPLER, Migene. **Santeria: the religion**. 2. ed. St. Paul, EUA: Llewellyn, 1994.

IDOWU, E. B. **Olodumare**: God in Yoruba belief . Nova York, EUA: A & B Books, 1994.

IFA Foundation. Disponível em: <http://www.spiritualtools.org/Divination-Consultation/Divination-Consultation/Email-Regular-Divination-p27.html>. Acesso em 10 jan. 2010.

IFASHADE. Disponível em <http://www.wix.com/ifashade/ifashade#!__page-0>. Acesso em 6 fev. 2010.

LACHATAÑARE, R. **El sistema religioso de los afrocubanos**. Havana, Cuba: Ed. Ciências Sociais, 1992.

LUJAN, Javier. **A Gay Babalawo Speaks Out**. Diponível em <http://www.ifafoundation.org/en/classroom/a-gay-babalawo-speaks-out.html>. Acesso em 9 fev. 2010.

MAIS opiniões de autoridades sacerdotais sobre a prática do homossexualismo por babalawos. Disponível em <http://ordembrasifa.blogspot.com/2010/12/mais-opinioes-de-autoridades.html>. Acesso em 28 dez. 2010.

MARTINS, A. (Adilson de Oxalá). **Igbadu**: a cabaça da existência. Rio de Janeiro: Pallas, 1998.

_____. **Merindinlogun**: o jogo de búzios por Odu (no prelo).

MAUPOIL, B. **La geomancie à l'ancienne Côté des Esclaves**. 3. ed. Paris, França: Institut d'Ethnologie, 1988.

MUJER en Ifa, La. Disponível em <http://usuarios.multimania.es/zeusraul/index.html>. Acesso em 6 fev. 2010.

NIGERIA. Disponível em <http://en.wikipedia.org/wiki/Nigeria>. Acesso em 6 jan. 2010.

OBA ecun Ifa: antigua sabedoria. Miami, EUA: Obaecun Books, 1993.

ÒSÉÒTÙRÁ, **boletim informativo afro-brasileiro**, Ano 1, n. 1, p. 12, [s.d.].

PEGGIE, Iya. Mensagem. In: **OBI — Ordem Brasileira de Ifá**: Fórum do MSN Communities. Disponível em <http://groups.msn.com/l8m9rjqk6tkr4h79d7q9hcr866/general.msnw?action=get_message&mview=0&ID_Message=1725&LastModified=4675534082583647806>. Acesso em 29 nov. 2004.

PRANDI, R. As artes da adivinhação: candomblé tecendo tradições no jogo de búzios. In: MORE, C. E. M. de (org.). **As senhoras do pássaro da noite**. p. 121-165. São Paulo: EDUSP; Axis Mundi, 1994.

O. **Diário da Manhã**, que acontecerá em 2002, Goiânia, 31 dez. 2001, versão on-line. Disponível em <www.dm.com.br>. Acesso em 10 jan. 2010.

SEXUAL orientation: there IS right and wrong (from nsasi66, 24/1/2009). Disponível em <http://mysanteria.com/blog/view/id_3307/title_/>. Acesso em 10 jan. 2010.

SOUZA, José Roberto. **Iluaye** — órgão de divulgação da cultura afro-brasileira. Ano III, n. 4, outubro 1990.

VERGER, P. **Ewé**: o uso das plantas na sociedade iorubá. São Paulo: Companhia das Letras, 1995.

_____. Grandeza e decadência do culto de Ìyàmí Òsòròngà (Minha Mãe Feiticeira) entre os yorubá. In: MORE, C. E. M. de (org.). **As senhoras do pássaro da noite** p.36-68. São Paulo: EDUSP; Axis Mundi, 1994..

_____. **O Deus Supremo iorubá**. Afro-Ásia, n. 15, p. 18-35, 1992.

_____. **Orixás**: deuses na África e no Novo Mundo. 3. ed. São Paulo: Corrupio; Círculo do Livro, 1986.